金澤

能登・北陸

KANAZAWA
NOTO·HOKURIKU
COMPLETE
MAP

最新・最前線・旅遊全攻略

金澤城公園
金澤百萬石祭典

尾山町

丸之内

金澤New Grand
Hotel Premier

文化中心

金澤New Grand
Hotel Prestige

加賀手鞠 毬屋 P.60

二之丸廣場

五十間長屋

三之丸廣

南町・尾山神社　尾山神社前
P.21,85尾山神社

鼠多門・鼠多門橋

橋爪門

香林坊(2)

玉泉院丸庭園 P.81

三十間長屋

1

松之湯 P.8

玉泉庵 P.81

P.81豆皿茶屋

赤羽中心

尾山

樂華與滿月與葡萄酒 P.115

金澤兼六園
香林坊

廣坂合同廳舎

金澤市

Saint Nicolas
香林坊店 P.111

眼鏡的店 Mito P.111

SKLO room accessories P.111

香林坊(1)

香林坊(日銀前)

香林坊 (ATRIO前)

廣坂(2)

石川四高
記念公園

乙丸之内(金澤玉泉院丸庭園旁) **5**

辰巳櫓跡

日本銀行金澤分行

香林坊・仙石通 **7**

守宮堀

tawara P.43

東急廣場・日銀前

石川四高
記念文化交流館 P.87

椎樹綠地

椎樹迎賓館

2

香林坊大和

香林坊(四高記念館前)

廣坂・21世紀美術館
(椎樹迎賓館前)

廣坂・21世紀美術館(椎樹迎賓館前)

P.115
scara

香林坊東急廣場

8 **6**

8

NOW

香林能作

[g] ift 金澤廣坂

金澤能樂
美術館

TORI

P.13,20

石浦神

片町(片町Kirara前)

甘味處 漆之賣

FIRST HOTEL金澤

PATISSERIE OFUKU

HOTEL CROWN
HILLS 金澤

P.38 Itaru本店

金澤21世紀美術館・兼六園(真弓坂口旁)

廣坂・21世紀美術館(石浦神社對面旁)・豆皿茶屋・21世紀

8

7 **2** **8**

片町Kirara

市公所・柿木畠

(石浦神社前)

Underground Table P.114

和甘味Tsubomi

金澤21世紀美術館 **24**

OMO5 金澤片町 P.9

EXCELLENT APA HOTEL (金澤片町) EXCELLENT

PATIO

下柿木畠

Coffee Restaurant Fusion21
美術館商店

16,82

APA HOTEL
(金澤中央)

KANAME INN TATEMACHI P.121

柿木畠

金澤市第二廳舎

廣坂(1)

故鄉偉人館

23

福祉會館

3

HOTEL MYSTAYS

金澤片町

OVAL

里見町

故鄉偉人館

歌劇座

堅町

廣坂Highball

上柿木畠

下本多町六番丁

本多町(金澤歌劇座前)

鈴木大拙館

漱流 P.117

油車

金澤中署

北陸放送

池田町
三番丁

金澤中署

北陸放送署

片町(1)

池田町四番丁

堅町廣場

茨木町

本多町

十三間町中丁

本多町

池田町
一番丁

A 池田町立丁 水溜町 **B** P.8 西茶屋街
長町・香林坊 **C**

D

E

F

味噌蔵町

兼六元町

材木町

裁判所

三之丸北園地

④⑥
兼六園下・金澤城(石川門對面)

石川門

兼六園下

兼六園下 ⑪

兼六小

横山兒童公園 ⑭

横山町
兒童公園

1

⑨
兼六園下・金澤城(白鳥路前)

石川縣觀光物産館 P.67

兼六坂

敬愛醫院

横山町

⑬
賢坂辻

石川門口

觀光服務處

桂坂口

🍴兼六園茶屋 見城亭
P.49

金澤玉泉邸 P.87

加賀友禪會館P.67

小將町 ⑫

小將町中學

159

賢坂上

常福寺

蓮池門口

徽軫燈籠

🍴三芳庵P.80

霞池

内橋亭

兼六園 P.15.76

上坂口

小將町

金澤大學附屬特別支援學校

東兼六町

松山寺

🍴時雨亭 P.80

兼六町

隨身坂口

成巽閣 P.84
傳統産業工藝館
石川生活工藝博物館

⑳
國立工藝館・縣立美術館

金澤神社 P.21,84

兼六園上

金澤醫療中心

鶴林寺

永福寺

寶円寺

石川縣立美術館
P.87
LE MUSÉE DE H.
KANAZAWA

縣立美術館・成巽閣

⑦

出羽町

縣立能樂堂

出羽町

北陸學院高・中

中村邸

國立工藝館P.17.86

石川護國神社

本多之森公園

飛梅・北陸學院前

飛梅町

紫錦台中

中村記念
美術館P.86

石川紅磚博物館
石川縣立歷史博物館P.87
加賀本陣博物館

⑲
飛梅町

松原病院

金澤生活博物館

3

鈴木大拙館P.86

本多之森會館

本多之森會館 ⑳

石引(3)

本多町(2)

縣立工高

石引(4)

石引(3)

10

日本海

D 内灘町 E 河北潟 F

白尾IC
内灘海水浴場
内灘海濱向陽台
千島台 内灘車站
金澤市郊外
0 0.5 1km

N

高爾夫俱樂部
金澤Links

金澤港 粟崎車站
蚊爪車站
北間車站

醬油處・直江屋源兵衛P.119
機關人偶記念館
諸味藏 P.119
Hohoho座金澤 P.118
大和 醬油味噌 P.59
大和糀園區(大和醬油味噌) P.118
金澤港活跳跳魚市 P.119

大河端車站

津幡車站 1

富山車站

金澤森本IC

森本車站

石 金石
海濱公園 P.37
野菜味噌松屋桂店 P.119

北陸鐵道浅野川線

三屋車站

三口車站

金澤東

割出車站

8 159

Ten riverside P.59,119
警察署前

味噌湯食堂空味噌 金石店 P.119

石川縣廳
P.51加藤皓陽堂 本店
P.26 大吃壽司吧！縣廳前店

磯部車站 城北市民公園

東金澤車站

金澤分流道路

359

山側環狀(金澤東部環狀道路)

健民海濱公園
P.17,118
金澤海未來圖書館

上諸江車站

七屋車站

金澤星陵大學

卯辰山

P.9甜甜圈圈日和

西部綠地公園

北鐵金澤車站
金澤車站

卯辰山公園 2

金澤市

金石街道

北陸新幹線
預計2024年春延伸至金澤敦賀間

市民藝術村

近江町市場

尾山神社
金澤城公園

兼六園下

兼六園

奥卯辰山
健民公園

田井町

P.61 箔一本店 箔巧館

西泉車站

西金澤車站

香林坊
金澤市公所
金澤21世紀美術館
縣立歷史博物館

金澤大學

8

野町車站

P.25竹乃家

新西金澤車站

157

P.3 金澤市街圖

金澤美術工藝大學

SAKE SHOP 福光屋
P.59,63

P.36 第7餃子的店

石川縣立圖書館 P.8

IC
御經塚

御經塚

北陸本線

野野市車站

P.54四十萬谷本舖
P.55
金澤福良屋

押野車站

辻家庭園 P.116

有松

金澤 浦田 P.50

HOTEL SARARASO P.121

COWRITE COFFEE P.9

山側環狀

三日市

松杆車站

綜合運動公園

横川

P.47 Patisserie & Parlor Horita 205

野野市車站

喜多記念館

野野市市

野野市工大前車站
金澤工業大學

大乘寺
丘陵公園

LiFE IS SWEET P.47

咖哩的冠軍野野市本店 P.36

前田利家墓地

中央公園

馬替車站

野田山

野野市市公所

額住宅前車站

北陸學院大學

野尾1丁目

金澤學院大學 3

白山市

157

北陸鐵道石川線

乙丸車站

鶴來街道

四十萬車站

D 鶴來車站 E F

9

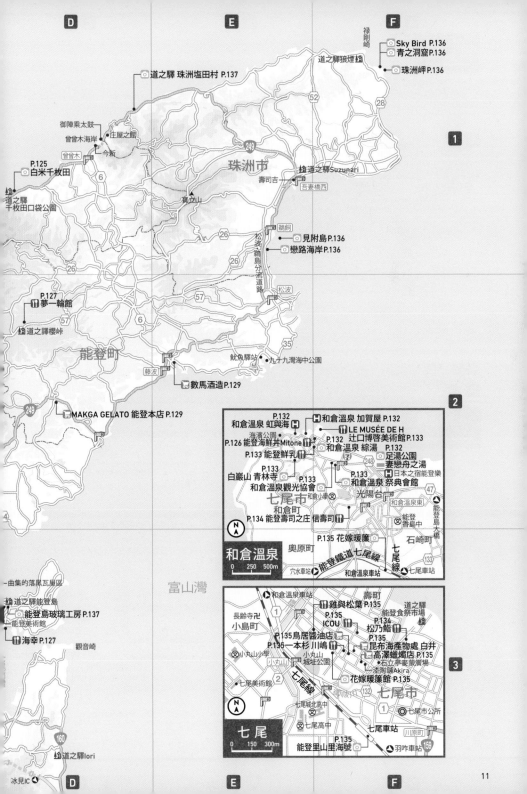

D　　　　　　　E　　　　　　　F

1

禄剛崎
道之驛狼煙
Sky Bird P.136
青之洞窟 P.136
珠洲岬 P.136

道之驛 珠洲塩田村 P.137

52

28

御陣乘太鼓
曾曾木海岸
曾曾木　庄屋之館
　　　今新
P.125
白米千枚田
道之驛
千枚田口袋公園

珠洲市

249

道之驛Suzunari
壽司吉
吾妻橋西

6

眞立山

26

鵜飼
松波・鵜島分流道路
26

見附島 P.136
戀路海岸 P.136

松波

57

P.127
夢一輪館
道之驛櫻峠

57

6

35

魷魚驛站
九十九灣海中公園

能登町

藤波

2

數馬酒造 P.129

MAKGA GELATO 能登本店 P.129

和倉溫泉 虹與海 P.132　和倉溫泉 加賀屋 P.132
海濱公園　　　　　　　LE MUSÉE DE H
P.126 能登海鮮丼Mitone　辻口博啓美術館 P.133
P.133 能登鮮乳　　　和倉溫泉 綜湯 P.132
P.133　　　　　　　　　足湯公園
白巖山 青林寺　P.133　妻戀舟之湯
　　　　　　　　　　P.133　日本之宿能登樂
和倉溫泉觀光協會　和倉溫泉 祭典會館
和倉小學　光陽台　　和倉溫泉東
七尾市　　　　　　　　　　　47
和倉町　　　　　能登
　　　　　　　　香島中　能登島大橋
P.134 能登壽司之庄　信壽司
　　　　　　　　　石崎町　133
P.135 花嫁暖簾　　　　　　七尾線
奧原町　　　　　　七尾車站
和倉溫泉
0　250　500m
穴水車站　能登鐵道七尾線　和倉溫泉車站

3

和倉溫泉車站　壽町
　　　　雞與松葉 P.135　道之驛
長齡寺卍　　　　　　　　能登食祭市場
小島町　　ICOU P.134
P.135鳥居醬油店　松乃鮨
P.135一本杉 川嶋　昆布海產物處 白井
　　　　　　　　　高澤蠟燭店 P.135
小丸山小學　石立彥藥廣場
　　　　　　　漆陶領Akira
小丸山　小丸町
城址公園　花嫁暖簾館 P.135
七尾美術館
七尾線　　　132　七尾市
　　　　　　　七尾車站
七尾城北高中　　　1　七尾市公所
七尾高中
　　　　七尾車站　川原町
七尾
0　150　300m　能登里山里海號 P.135
　　　　　　　羽咋車站　159

曲集的落黑瓦屋區
道之驛能登島
能登島玻璃工房 P.137
能登美術館
海幸 P.127

觀音崎

富山灣

160
道之驛Iori

冰見IC
冰見IC　　　D　　　　　　　E　　　　　　　F

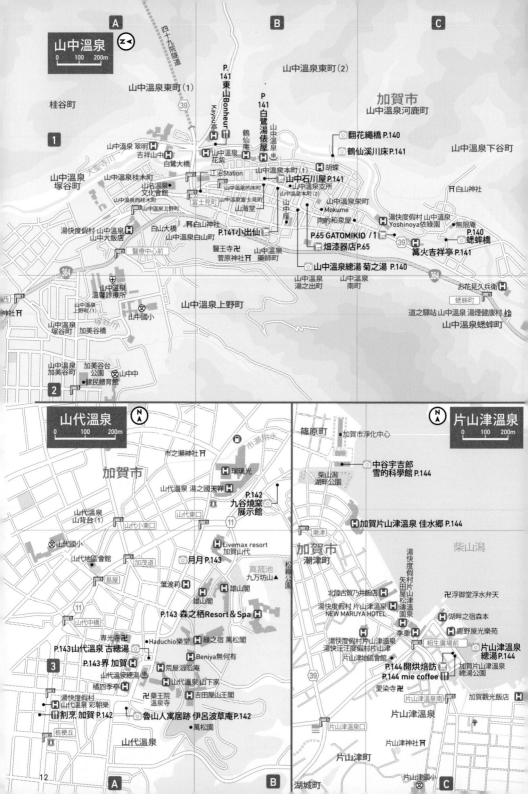

山中温泉

0　100　200m

四十九院隧道

山中温泉東町(1)　　山中温泉東町(2)

P.141 東山Bonheur

P.141 白鷺湯俵屋

加賀市
山中温泉河鹿町

桂谷町

山中温泉翠明

吉祥山中

白柴　白鷺大橋

鶴仙庵

山中温泉花屋

翻花縄橋 P.140

鶴仙溪川床 P.141

山中温泉下谷町

山中温泉桂木町

江沼Station

山中温泉本町

胡蝶

白山神社

山中温泉塚谷町

富士見町

山海堂

山中石川屋 P.141

山中温泉西桂木町

文化會館

山中温泉本町(1)

山中温泉本町(2)

山中温泉栄町

Mokume

陶的和泉屋

湯快度假村 山中温泉
Yoshinoya依綠園

無限庵

P.140

山名溫泉

湯快度假村 山中温泉
山中大飯店

白山大橋

山中温泉白山町

P.141 小出仙

山中座

P.65 GATOMIKIO / 1

畑漆器店 P.65

蟹蟀橋

篝火吉祥亭 P.141

醫療中心前

醫王寺卍
菅原神社卍

山中温泉
薬師堂

山中温泉總湯 菊之湯 P.140

山中温泉
湯之出町

山中温泉
南町

お花見久兵衛

西

神社卍

山中温泉
溫馨診療所

山中温泉
上野町(1)

山中國小

山中温泉上野町

蟹蟀町

道之驛站 山中温泉 湯埋健康村

山中温泉蟹蟀町

山中温泉
塚谷町

加美谷橋

山中温泉
加美谷町

加美谷台
公園　山中中

健民體育館

山代温泉

0　100　200m

加賀市

市之瀬神社卍

市瀬丹水

瑠璃光

山代温泉 湯之國天祥

P.142
九谷燒窯
展示館

山代温泉
山背台(1)

山代小東口

山代東口

Livemax resort
加賀山代

月月 P.143

山代國小

山代地區會館

島屋

加茂道

真菰池
九万坊山▲

葉渡莉

雄山閣

雄山閣

P.143 森之栖 Resort & Spa

專光寺卍

Haduchio樂堂

綠之宿 萬松閣

P.143山代温泉 古總湯

P.143 界 加賀

山代中央口

山代温泉總湯

Beniya無何有

荒屋溜恋湯

橘四季亭

山代温泉 山下家

吉田屋山王閣

湯快度假村
溫泉樂　山代温泉 彩朝樂

薬王院 溫泉寺卍

割烹 加賀 P.142

魯山人寓居跡 伊呂波草庵 P.142

桔梗丘

萬松園

山代温泉

片山津温泉

0　100　200m

篠原町

加賀市淨化中心

中谷宇吉郎
雪的科學館 P.144

柴山潟
湖畔公園

加賀片山津温泉 佳水郷 P.144

潮津

柴山潟

加賀市
潮津町

松濤公園

湯快度假村
矢田屋片山
山清涼園

浮御堂浮水弁天

北陸古賀乃井飯店

湯快度假村 片山津温泉
NEW MARUYA HOTEL

鴨池

湖畔之宿森本

鹿野屋光樂苑

湯快度假村片山津温泉
湯快汪汪度假村片山津温泉

相生廣場前

片山津温泉
總湯 P.144

片山津地區會館

加賀片山津温泉
總湯公園

P.144 開烘焙訪

P.144 mie coffee

愛染寺卍

片山津温泉南

加賀觀光飯店

片山津温泉口

片山津温泉

片山津神社卍

片山津町

湖城町

片山津國小

12

金澤觀光名勝交通速查表

→目的地 / →所在地

所在地＼目的地	金澤車站（金澤車站東口）	近江町市場（武藏辻・近江町市場）	東茶屋街（橋場町）	兼六園・金澤城公園（兼六園下・金澤城公園）	金澤21世紀美術館（廣坂・金澤21世紀美術館）	長町武家屋敷遺跡（香林坊）	西茶屋街（廣小路）
金澤車站（金澤車站東口）	―	北鐵5分鐘 LL5分鐘 步行15分鐘	北鐵7分鐘 RL10分鐘 步行×	北鐵11分鐘 RL15分鐘 步行×	北鐵11分鐘 RL17分鐘 步行×	北鐵9分鐘 LL9分鐘 步行×	北鐵15分鐘 LL15分鐘 步行×
近江町市場（武藏辻・近江町市場）	北鐵5分鐘 RL5分鐘 步行15分鐘	―	北鐵3分鐘 步行15分鐘	北鐵7分鐘 LL19分鐘 步行20分鐘	北鐵6分鐘 LL15分鐘 步行×	北鐵4分鐘 LL4分鐘 步行15分鐘	北鐵10分鐘 LL10分鐘 步行×
東茶屋街（橋場町）	北鐵10分鐘 LL15分鐘 步行×	北鐵3分鐘 步行15分鐘	―	北鐵4分鐘 RL5分鐘 步行20分鐘	北鐵5分鐘 RL7分鐘 步行20分鐘	北鐵9分鐘 RL17分鐘 步行×	北鐵14分鐘 RL12分鐘 步行×
兼六園・金澤城公園（兼六園下・金澤城公園）	北鐵11分鐘 LL17分鐘 步行×	北鐵8分鐘 RL16分鐘 步行20分鐘	北鐵4分鐘 LL2分鐘 步行20分鐘	―	北鐵2分鐘 RL2分鐘 步行5分鐘	北鐵5分鐘 RL12分鐘 步行15分鐘	北鐵10分鐘 RL7分鐘 步行×
金澤21世紀美術館（廣坂・金澤21世紀美術館）	北鐵12分鐘 LL21分鐘 步行×	北鐵6分鐘 RL14分鐘 步行×	北鐵× LL6分鐘 步行×	北鐵2分鐘 LL4分鐘 步行5分鐘	―	北鐵3分鐘 RL10分鐘 步行10分鐘	北鐵5分鐘 RL5分鐘 步行20分鐘
長町武家屋敷遺跡（香林坊）	北鐵9分鐘 RL16分鐘 步行×	北鐵4分鐘 RL4分鐘 步行15分鐘	北鐵9分鐘 LL17分鐘 步行×	北鐵5分鐘 LL15分鐘 步行15分鐘	北鐵3分鐘 LL11分鐘 步行10分鐘	―	北鐵6分鐘 LL6分鐘 步行15分鐘
西茶屋街（廣小路）	北鐵16分鐘 RL21分鐘 步行×	北鐵9分鐘 RL9分鐘 步行×	北鐵12分鐘 LL11分鐘 步行×	北鐵8分鐘 LL9分鐘 步行×	北鐵5分鐘 LL5分鐘 步行20分鐘	北鐵5分鐘 RL5分鐘 步行15分鐘	―

北鐵…北陸鐵道路線公車　RL（右回線）…城下町金澤周遊巴士右回線
LL（左回線）…城下町金澤周遊巴士左回線　步行…步行
※搭公車和步行移動的時間僅供參考，可能因季節、交通狀況而異。

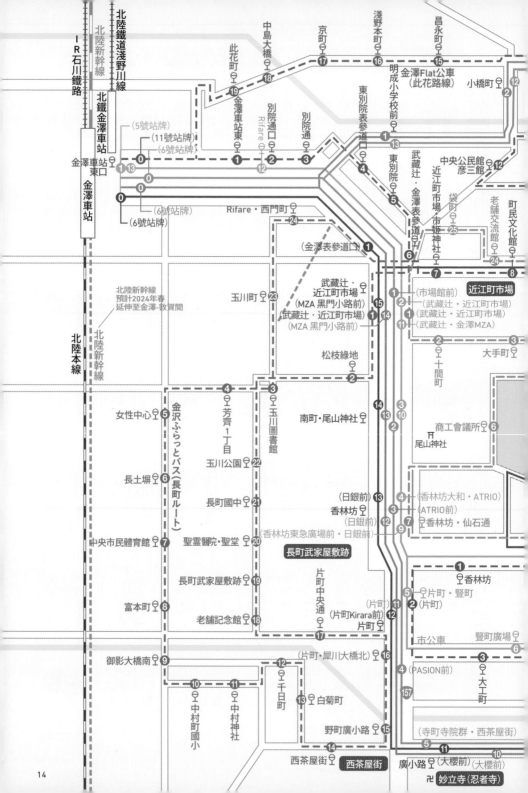

金澤觀光巴士路線圖

城下町金澤周遊巴士（左回線）
城下町金澤周遊巴士（右回線）
金澤Flat公車（菊川路線）
金澤Flat公車（此花路線）
金澤Flat公車（材木路線）
金澤Flat公車（長町路線）
金澤點燈巴士 ※只於週六、特定日行駛
市公車 ※只於週六、日、假日行駛

一飽口福的金澤美食大集合！

知名美食指南

從美味時令海鮮的傳統加賀料理，
到網美系甜點應有盡有，吃遍美食之都金澤！

餐點
海鮮好吃沒話說，
還有關東煮和咖哩
等，都是深受當地人
喜愛的在地美食！

壽司

只有吧台座位的高級壽司店和金澤首創
的迴轉壽司，都是高水準。

加賀料理

蘊含加賀百萬石的歷史和美學，融合東
西方飲食文化的料理。

金澤關東煮

整年都能吃到以爽口高湯燉煮的關
東煮。注意當地特有食材！

金澤咖哩

濃醇咖哩醬搭配炸豬排、高麗菜，讓人
上癮的滋味。

8番拉麵

最有名的口味是蔬菜滿滿的野菜拉
麵。吃不膩的美味大受歡迎。

甜點
名店推出的優質甜點
與奢華的金箔甜點令
人難以抗拒！

金箔甜點

撒了金箔的甜點在社群網站上引發話
題。記得拍張紀念照！

日式甜點

金澤因茶湯文化興盛，有很多和菓子
店，別錯過正宗的日式甜點！

全年活動行事曆

1月 開序幕 一年揭

1月第一個週日
出初式
金澤正月的例行活動。消防局人員
和消防分隊員一同表演驚險的登梯
技能。傳承自大名打火隊「加賀
鳶」的傳統特技精采可期。

4月 綴城市點 櫻花點

4月上旬
兼六園免費開園
配合櫻花綻放的時間，兼六園實施
為期一週的免費開園參觀。官方宣
布開花後才會公告開放日期，所以
每年時程不同。

6月 行大隊！ 壯觀的遊

6月1～3日
金澤百萬石祭典
城下町金澤特有的華麗祭典。祭典
的主要活動是舉行「百萬石遊
行」，以紀念前田利家的豐功偉
業。豪華絢麗的隊伍必看！

7月 開始 夏季的

7月1日
冰室之日
起源是從前為祈求從冰室取出的冰
塊能順利送達江戶而供奉饅頭。每
年訂定7月1日為冰室之日，和菓子
店會販售「冰室饅頭」。

9月 味覺的 秋天

9月1日
拖曳網捕魚解禁
金澤居民引頸期盼的解禁日，縣內
的漁船齊發出海捕魚。當地的新聞
和電視也會報導，市場與超市都充
滿活力。

12月 季節的 降雪的

12月上旬～3月中旬
薦掛
冬日風情畫。金澤的降雪水分多，
為防止土牆受潮剝落損壞，長町武
家屋敷一帶的土牆會進行覆蓋稻草
的「薦掛」作業。

※活動日期和內容可能有變更或停辦的情形，請事先確認。

如何使用本書

【圖例說明】

🏠 地址

☎ 電話號碼

🕐 營業時間（寫出開始到最後點餐或入館的截止時間。結束時間不定，有時會因店家情況而提早關門）

🅰 節日、年底年初等假期以外的公休日

💴 成人入場費、設施使用費

🚃 從最近的車站或交流道（IC）等地出發的所需時間

🚗 是否有停車場。收費停車場會寫上（收費）

価格 住宿費

IN 入住時間　OUT 退房時間

▶MAP　標示在書前地圖上的位置

【注意】

書中記載的資料是2023年3月的情況。內容時有變動，請事先做好確認。遇到節日或年底年初時，營業時間或公休日等會和書中介紹的不同。書中標示的價格，基本上是以採訪當時的稅率加上消費稅的金額。若消費稅另計會註明（未稅）。飯店價格是雙人房的每人最低房價，服務費等依各飯店而異。敝出版社恕不賠償因本書記載內容所造成的損害等，尚請見諒。

CONTENTS

在金澤・能登・北陸
必做的**67**件事

附贈詳細
地圖！

☑ 做過的請打勾！

【別冊】

石川縣全圖・北陸 ……………………………… 2

金澤市街圖 …………………………………… 3

金澤市分區地圖 ……………………………… 4

金澤市郊外 …………………………………… 9

能登地圖 ……………………………………… 10

溫泉地圖 ……………………………………… 12

金澤觀光名勝交通速查表 ………………… 13

金澤觀光巴士路線圖 ……………………… 14

金澤便利帳①：知名美食指南 …………… 16

金澤便利帳②：全年活動行事曆 ………… 16

如何使用本書 ………………………………… 1

HIGHLIGHT

☐ 01 漫步在如詩如畫的街道上 ……………… 12

☐ 02 遊覽金澤城公園&兼六園 ……………… 14

☐ 03 蔚為話題的藝術景點 …………………… 16

☐ 04 可愛的百萬先生&
八幡小姐令人著迷！ ……………………… 18

☐ 05 入手吉利商品&御朱印！ ……………… 20

BEST PLAN

☐ 01 調查實現夢想的區域 …………………… 4

☐ 02 享受200%的金澤 …………………………… 6

☐ 03 KANAZAWA NEWSPAPER ……………… 8

☐ 04 金澤「3大」事件簿 ……………………… 10

EAT

☐ 01 好想大口吃海鮮丼！ …………………… 24

☐ 02 吃迴轉壽司大飽口福 …………………… 26

☐ 03 享用憧憬的頂級壽司 …………………… 28

☐ 04 在近江町市場必做的5件事 …………… 30

☐ 05 極致的加賀料理 ………………………… 32

☐ 06 吃遍金澤關東煮 ………………………… 34

☐ 07 征服金澤在地美食 ……………………… 36

☐ 08 晚上到海鮮居酒屋乾杯！ ……………… 38

☐ 09 享用氣氛絕佳的早餐 …………………… 40

☐ 10 享受金澤法式料理的美味時光 ………… 42

☐ 11 到日式咖啡館小憩片刻 ………………… 44

☐ 12 到網美甜點店打卡 ……………………… 46

☐ 13 奢華的金箔甜點 ………………………… 48

SHOPPING

☐ 01 令人怦然心動的視覺系甜點！ ………… 50

☐ 02 看包裝就想買的可愛伴手禮 …………… 52

☐ 03 品嘗代代相傳的傳統食品！ …………… 54

☐ 04 今晚的下酒菜有著落了！ ……………… 56

☐ 05 來買發酵大國的調味料！ ……………… 58

☐ 06 華麗的日式雜貨讓人心動！ …………… 60

☐ 07 金澤美人的祕密在保養品！ …………… 62

☐ 08 被九谷燒・漆器擄獲了芳心 …………… 64

☐ 09 製作專屬於自己的特產 ………………… 66

☐ 10 在金澤車站購買人氣名產 ……………… 68

☐ 11 盡享金澤車站裡的美食 ………………… 70

TOURISM

☐ 01 漫遊兼六園的重點景點 …………… 76
☐ 02 到金澤城公園認識加賀藩的歷史 …… 78
☐ 03 兼六園＆金澤城公園的美景茶館 …… 80
☐ 04 到金澤21世紀美術館享受藝術 …… 82
☐ 05 令人怦然心動的必訪景點 ………… 84
☐ 06 優美的博物館巡禮 ……………… 86
☐ 07 穿和服到東茶屋街散步 ………… 90
☐ 08 在東茶屋街一帶大啖町家美食 …… 92
☐ 09 在町家悠閒休憩的咖啡時光 …… 94
☐ 10 參觀茶屋＆體驗手作的樂趣 …… 96
☐ 11 令人心動的日式雜貨超吸睛 …… 98
☐ 12 在主計町茶屋街流連忘返 …… 100
☐ 13 到個性派博物館感受金澤的魅力 … 102
☐ 14 到西茶屋街散步吃甜點 ………… 106
☐ 15 到長町武家屋敷遺跡穿越時空 … 108
☐ 16 到漥通跟上流行趨勢 ………… 110
☐ 17 走訪復古的新竪町商店街！ …… 112
☐ 18 夜訪片町的美食！ …………… 114
☐ 19 前往寺町感受歷史 …………… 116
☐ 20 醬油廠林立
　　 前往發酵與書的城市，大野＆金石 · 118
☐ 21 讓人想住一晚的民宿＆旅館 …… 120
☐ 22 美景＆求良緣的兜風行程！ …… 124
☐ 23 大啖能登的美味海鮮！ ………… 126
☐ 24 能登的美食＆美酒 …………… 128
☐ 25 玩遍輪島！ …………………… 130
☐ 26 想在和倉溫泉做的3件事 …… 132
☐ 27 只玩一天不過癮！
　　 遊覽七尾的城鎮 …………… 134
☐ 28 前往網美景點奧能登 ………… 136

OTHER AREA

☐ 01 山中溫泉 …………………… 140
☐ 02 山代溫泉 …………………… 142
☐ 03 片山津溫泉 ………………… 144
☐ 04 粟津溫泉 …………………… 145
☐ 05 富山 ………………………… 146
☐ 06 白川鄉 ……………………… 148

一看就懂 金澤之旅STUDY

金澤飲食文化的祕密 ……………… 22
前田家好厲害 ……………………… 72
金澤之旅 Info ……………………… 150

INDEX ……………………………… 158

\ 手機和電腦也能閱覽！/
《金澤・能登・北陸：
最新・最前線・旅遊全攻略》
也出版電子書了！
各大網路書店皆販售

01

可以去哪裡玩什麼？
調查實現夢想的區域

金澤市中心一帶集結了許多觀光名勝，好好掌握祕訣就能順暢旅遊！
若是安排2天1夜或3天2夜的旅行，推薦順道同遊能登、加賀溫泉鄉、富山、白川鄉等鄰近地區。

各區特色標示圖

看這個就知道推薦的特色！
迅速掌握當地的特點！

🎵 玩樂
💆 美容
🛒 購物
📷 觀光
🍴 美食

金澤能登北陸地圖

從金澤市前往加賀溫泉鄉或富山建議搭電車，若要去能登或白川鄉，租車自駕較方便。

歷史&文化&季節美食
這裡全部都有
金澤市内
かなざわしない
→P.74

金澤市中心方圓2公里內集結了主要的名勝地，即使初次造訪的旅客也很容易觀光，可多利用公車和共享單車，順暢遊覽欲參觀的景點。以東街屋茶屋休憩館為首，市區還有導覽志工「Maidosan」常駐於3處，也可以與他們同遊。

東茶屋街的石板路充滿風情。

想看美麗庭園必訪兼六園。

滿滿北陸鮮魚的海鮮丼飯。

小松機場（KMQ）
北陸自動車道
片山津溫泉
加賀溫泉泉車站
山中溫泉
山代溫泉
粟津車站
小松車站
JR北陸本線　金澤車站
北陸鐵道石川線
鶴來車站

在歷史悠久的溫泉鄉泡湯
加賀溫泉鄉
かがおんせんきょう
→P.140

詩人松尾芭蕉在「奧之細道」旅途中曾造訪的「山中溫泉」、深受文人墨客喜愛的「山代溫泉」、可邊欣賞美麗湖泊邊泡湯的「片山津溫泉」，以及北陸最古老的溫泉「粟津溫泉」組成了北陸第一的溫泉鄉。推薦探訪這幾處風質相異且風情獨特的溫泉街。

位於山中溫泉的鶴仙溪是賞楓名勝。

片山津溫泉的地標，柴山潟。

充滿復古氛圍的山代溫泉古總湯。

白川鄉
白色公路

在山間感受大自然
白川鄉 →P.148
しらかわごう

現存大大小小100多棟茅草屋的祕境，列為世界文化遺產。置身其中能感受到豐沛的大自然。從金澤車站搭乘快速巴士約80分鐘。

合掌造型的房屋堅固足以承受大雪覆蓋。

4

🚄 從東京出發	2小時30分～3小時（→P.150）	🚗 主要交通方式	公車、自行車、自駕
🚅 從大阪出發	2小時30分・50分（→P.150）	💬 語言	金澤腔
🚆 從名古屋出發	2小時30分～3小時（→P.150）	🏢 景觀	古民房和商家等老建築的城鎮風情

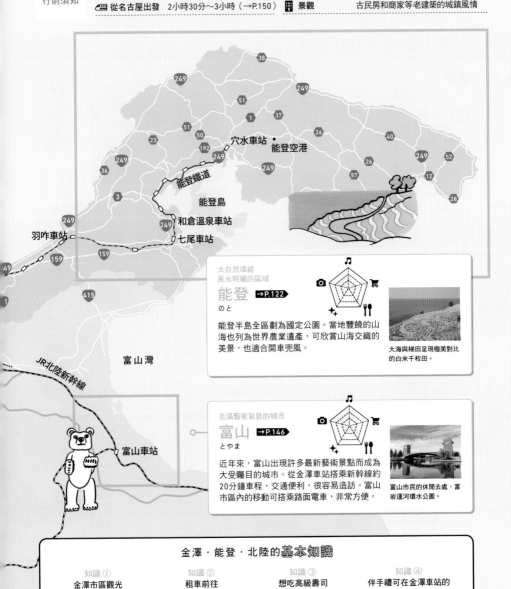

穴水車站
能登空港

能登鐵道

能登島

和倉溫泉車站
七尾車站

羽咋車站

大自然環繞
風光明媚的區域

能登 →P.122
のと

能登半島全區劃為國定公園。當地豐饒的山海也列為世界農業遺產，可欣賞山海交織的美景，也適合開車兜風。

大海與梯田呈現極美對比的白米千枚田。

JR北陸新幹線

富山灣

富山車站

充滿藝術氣息的城市

富山 →P.146
とやま

近年來，富山出現許多最新藝術景點而成為大受矚目的城市。從金澤車站搭乘新幹線約20分鐘車程，交通便利，很容易造訪。富山市區內的移動可搭乘路面電車，非常方便。

富山市民的休閒去處，富岩運河環水公園。

金澤・能登・北陸的 基本知識

知識 ①
金澤市區觀光
先買好一日乘車券
金澤市內有路線公車、觀光巴士等便利的公車運輸系統。可配合規畫的行程事先購買超值的一日乘車券。

知識 ②
租車前往
能登地區最方便
從金澤市內驅車前往奧能登（珠洲市）約2小時15分鐘。建議可租車享受海邊兜風。

知識 ③
想吃高級壽司
要先訂位
來到盛產海鮮的石川縣難免想在吧台座位吃一次高級壽司。因座位有限，最好先訂位。

知識 ④
伴手禮可在金澤車站的
「Anto」（多謝）一次購齊
金澤車站的「金澤百番街Anto」有販售點心和工藝品等金澤所有名產。還有許多知名的糕點老店也在這裡開分店。

享受200％的金澤

第1天

巡迴遊覽 名園和武家屋敷

第1天參觀市區中心的兼六園和充滿風情的武家屋敷等地，盡情感受加賀百萬石城下町金澤的魅力。

AM

10:00 金澤車站

公車 約17分鐘

10:30 兼六園
→P.76
＜需時約1小時＞

步行 即到

11:30 成巽閣
→P.84
＜需時約30分鐘＞

步行 約10分鐘

12:10 金澤城公園
→P.78
＜需時約2小時＞

┣ 豆皿茶屋
┃ →P.81
┣ 玉泉院丸庭園
┃ →P.81

步行 約10分鐘

PM

2:30 瀘通
→P.110
＜需時約1小時＞

步行 約2分鐘

3:30 長町武家屋敷遺跡
→P.108
＜需時約1小時間＞

公車 約5分鐘

4:45 西茶屋街
→P.106
＜需時約1小時＞

公車 約20分鐘

6:00 金澤車站周邊

SIGHTSEEING　　LUNCH

先到必訪景點 兼六園・金澤城公園

可見往日繁華的金澤城是城下町（舊城區）的地標。旁邊就是日本三大名園之一的兼六園。

加賀藩前田家歷代城主居住的金澤城。

特殊立體造型的玉泉院丸庭園。

SIGHTSEEING

保留藩政時期的氛圍

以前是中階武士居住的長町武家屋敷，感受充滿江戶時代風情的街道。

好像穿越時空回到過去。

POINT

穿舒適好走的鞋子

主要景點都集中在走路可到的範圍內，但因幅員遼闊，建議穿球鞋之類好走的鞋子。

兼六園旁的成巽閣也是必訪景點。作工雅致的「群青之間」。

SHOPPING

掌握金澤 的流行

遊步道有許多人氣餐廳和禮品店。掌握金澤的流行趨勢就到這裡！

SIGHTSEEING

感受花街風情

金澤三茶屋街之一的西茶屋街，充滿典雅風情的氣氛，極具魅力。

在公園裡的豆皿茶屋休息。

豆皿茶屋的網美奢華金箔霜淇淋，950日圓。

香林坊的後側街區，適合悠閒散步。

走在街上不時會聽到三味線的琴聲和歌聲。

品嘗高湯的鮮美滋味

DINNER

享用金澤的關東煮

金澤的關東煮整年不論何時都能吃到，是當地的代表性美食。加賀蔬菜和貝類則屬金澤特有的食材。

為盡情享受旅程，以何種順序遊覽景點也很重要。請參考範例行程來規畫吧！

遊覽金澤的方法

金澤主要的觀光景點兼六園、茶屋街、金澤21世紀美術館等位處密集。從金澤車站搭公車抵達目的地後，建議改採步行移動。如果想節省移動的時間，當然也可以搭公車，多利用一日乘車券吧。

享受傳統文化和藝術

金澤代表性的觀光景點金澤21世紀美術館和延續江戶時代風情至今的東茶屋街，不容錯過！

到一大早就開店的餐館吃海鮮蓋飯當早餐。

SHOPPING　MORNING

前往一早就很熱鬧的近江町市場

當地暱稱「Omicho」的近江町市場有鮮魚店等各種店家，是一大觀光熱點！

也推薦選購新鮮海產當伴手禮。

適合當伴手禮的炙燒鰤魚。

SIGHTSEEING

說到現代藝術首推這裡

到金澤21世紀美術館體驗藝術！不時有特展之外，館內外展示的永久作品也值得欣賞。

游泳池／阿根廷藝術家Leandro Erlich／2004年製作。

CAFE

SIGHTSEEING

悠閒散步在文豪也鍾愛的街道

位於淺野川沿岸的主計町茶屋街。歷史悠久的建築林立，充滿情調。春天可賞美麗的櫻花。

LUNCH

挑戰金澤美食

金澤有許多西餐和咖哩等便宜又好吃的知名美食，深受當地人喜愛。

Grill Otsuka的名餐點「何通飯」。

在東茶屋街上的咖啡店享用抹茶。

SIGHTSEEING　CAFE

盡情暢遊人氣觀光地區

東茶屋街如實保留了江戶時代的茶屋。觀賞街道外觀之餘，當然也要參觀對外開放的茶屋建築。

DINNER

大啖北陸的時令鮮魚

想放鬆大啖海鮮，推薦去居酒屋，搭配在地釀酒一起享用。

如果 +1 DAY 的話…？

到能登大吃海鮮！

可租車自駕前往日本海環繞的能登兜風！欣賞壯觀的原始景色。

午餐推薦在地美食「能登蓋飯」。

到療癒的加賀溫泉鄉♪

加賀溫泉鄉是北陸第一溫泉鄉。包含山中、山代、片山津、粟津4個溫泉街，皆有公共浴場。

溫泉街的美食也很有魅力。

第2天

AM

8:30 近江町市場
→P.30
＜需時約1小時15分鐘＞

公車
約6分鐘

10:00
金澤21世紀美術館
→P.82
＜需時約2小時＞

步行
約8分鐘

12:00
午餐（Grill Otsuka）
→P.37
＜需時約40分鐘＞

步行
約16分鐘

PM

1:00 東茶屋街
→P.90
＜需時約2小時30分鐘＞

志摩
→P.96

波結
→P.95

步行
約5分鐘

3:30 主計町茶屋街
→P.100
＜所需時間約40分＞

公車
約12分鐘

5:30
晚餐（ITARU本店）
→P.38
＜需時約2小時＞

連接金澤與輪島的高速公路「能登里山海道」可免費通行，開車兜風去吧！

KANAZAWA NEWSPAPER

KANAZAWA

社群網站上大受曯目的人氣咖啡館、想拍照打卡的新景點，還有支援旅行的進化系旅宿，為你帶來火熱的新聞速報！

 TOURISM

石川縣立圖書館太新潮！

金澤的休閒新去處

以「翻書頁」為設計意象，外觀重疊的磁磚牆和玻璃窗令人印象深刻！

2022年
7月16日
OPEN

美夢成真的夢幻圖書館

石川縣立圖書館
いしかわけんりつとしょかん

藏書數多達100萬冊以上，館內開放交談，來一場與書的對話吧！各處設置了工藝品，也有附設的咖啡館，許多巧思讓人可以待上一整天。

⌂ 金澤市小立野2-43-1　☎ 076-223-9565（代表號）
⊕ 9:00～19:00（文化交流區～21:00）週六日、假日開到18:00　⊛ 週一（遇假日休隔天平日）、年初年末、特別整理期間　⊕ 免費入館　⊗ 公車站崎浦‧縣立圖書館口站即到　🚗 400台

`金澤市郊外` ▶ MAP P.9 F-2

圓形劇場般的空間設計，挑高的館內設置了約500個閱覽座位。椅子的種類從沙發到凳子，各式各樣都有。找個喜歡的位子坐下吧！

 TOURISM

重生的老字號澡堂引起熱議！

引頸期盼的重新開張！

營業超過70年不得不歇業的澡堂「松之湯」變身「泡湯好日子」重新開張！

2022年
11月26日
RENEWAL
OPEN

以泡湯感受金澤的傳統與文化

松之湯
まつのゆ

保留70年的外觀，職人以原創的九谷燒磁磚裝飾澡堂內部，成為能感受金澤傳統與文化的新型態澡堂。三溫暖和浴池設施完備！

⌂ 金澤市長町1-5-56　☎ 076-208-7155
⊕ 13:00～24:00　⊛ 週三　⊕ 490日圓
⊗ 公車站香林坊步行3分鐘　🚗 4台

`沴通` ▶ MAP P.6 A-1

可趁觀光的空檔來泡湯！消除疲勞後再出發！

浴池的牆壁以九谷燒磁磚施工。可邊泡湯邊感受金澤的傳統文化。

STAY 不斷進化的 金澤旅宿

配合旅行目的選擇時尚旅館！
從令人放鬆的旅館到以輝煌空間提供奢華時光的飯店，洗鍊的旅宿陸續新開幕！

DAISUKE SHIMA

2022年11月19日 OPEN

2022年12月21日 OPEN

2022年5月20日 OPEN

感受終極的療癒
SOKI KANAZAWA
ソキ カナザワ

感受四季魅力，度過身心調和的時間。採用當地新鮮食材做成的料理也很迷人。

🏠 金澤市袋町2-1　☎ 076-210-0270
IN:15:00～／OUT:～11:00　中級雙人大床8000日圓起（2人1室）　◎ 公車站武藏辻・近江町市場前站步行1分鐘　🚗 無

`金澤車站周邊` ▶MAP P.4 C-2

接觸金澤的傳統美
THE HOTEL SANRAKU KANAZAWA
ザ ホテル サンラク カナザワ

有閃亮金彩妝點的空間和映照出四季更迭的優美中庭，令人印象深刻。可享受不同於日常的非凡時刻。

🏠 金澤市尾張町1-1-1　☎ 076-222-8077
IN:15:00～／OUT:～11:00　上等雙床房2萬日圓起（2人1室）　◎ 公車站近江町市場前站步行1分鐘　🚗 58台

`近江町市場周邊` ▶MAP P.4 C-2

以體驗和旅遊支持石川觀光！
OMO5 金澤片町
オモ ファイブ かなざわかたまち

不倒翁形狀的可愛九谷燒藝術磁磚在大廳迎賓。提供各項以「金澤食文化」為主題的體驗。

🏠 金澤市片町1丁目4-23　☎ 050-3134-8095　IN:15:00～／OUT:～11:00　雙人床、雙床房5200日圓起（2人1室）　◎ 公車站香林坊站步行4分鐘　🚗 無

`片町` ▶MAP P.6 A-2

> 適合拍美照分享的早餐

shuhei tonami

> 優雅時尚兼具

> 「OMO戰士」提供導覽景點的服務

EAT 受關注的咖啡館大增！

3家講究品味的當紅咖啡店
從日本各地蒐羅自家烘焙的咖啡豆、手工自製的甜甜圈、農家直送水果做的甜點，品項多元豐富。

2022年7月16日 OPEN

「集眾人之力」的咖啡館
COWRITE COFFEE
コライトコーヒー

蒐集日本各地烘豆師的自家烘焙咖啡豆，是一家選豆店&咖啡館。

🏠 金澤市泉丘2丁目1-10
☎ 050-8884-2700　🕐 14:00～20:00
（週六、日、假日11:00～17:00）
※請至社群網站粉絲頁確認
🚫 週一、五　◎ 公車站泉丘站即到
🚗 無

`金澤市郊外` ▶MAP P.9 E-3

2022年7月14日 OPEN

會吃上癮的蓬鬆口感
甜圈圈日和
どうなつびより

嚴選原料做成口味溫和的甜甜圈。使用石川縣名產五郎島金時豆、加賀棒茶製作的甜甜圈是金澤限定款！

🏠 金澤市戶板西1-55 AEON TOWN金澤示野內　☎ 076-254-5830
🕐 10:00～18:00　🚫 週三　◎ 公車站示野購物中心站即到　🚗 約1500台

`片町` ▶MAP P.9 D-2

> 講究的咖啡500日圓和超人氣布丁600日圓。布丁是1～2個月推出一次，期間限定的菜單不時更換，建議事先確認。

2021年12月10日 OPEN

好多可愛的甜點！
RITSUKA
リツカ

在古民宅沉穩的空間裡，享用農家直送水果做的甜點或淋上自製醬料的綿密刨冰。

🏠 金澤市東山1-23-10　☎ 無
🕐 11:00～17:00（最後點餐16:30）
🚫 不定　◎ 公車站橋場町站步行5分鐘　🚗 無

`東茶屋街` ▶MAP P.5 F-2

> 嚴選的草莓與日本栗子製成非常對味的草莓栗子蒙布朗2200日圓。

> 甜圈圈都是手工製作

HOW TO
金澤「3大」事件簿

到金澤旅行可說一定會遇到3件事。為了實現愉快的旅程，先預習解決的辦法吧！

🔍 事件 ①

突然下雨了…！如何不淋溼？

金澤有句俗語說：「就算忘了帶便當，也別忘了帶傘。」不僅下雨的天數多，一日中的天氣多變，上午放晴、下午下雨的情形十分常見。突然下雨時，該怎麼辦？

解決！ 隨身攜帶折傘！也可利用愛心傘服務！

金澤實施再利用失物雨傘的政策「eRe:kasa」。主要設施和市公車上皆設有傘架，忘了帶傘的人都能使用愛心傘，也可以把傘歸還到任一設置地點。

愛心傘設置地點	營業時間	公休日※
金澤觀光案內所	8:30～20:00	全年無休
市公車	9:40～20:00	全年無休
東茶屋街	9:00～17:00	全年無休
金澤城公園（二之丸）	9:00～16:30	全年無休
長町武家屋敷休憩館	9:00～17:00	全年無休
西茶屋街觀光停車場	7:30～22:00	全年無休

🔍 事件 ②

人氣景點人好多！
如何避開擁擠人潮？

兼六園、美術館，好多想去的景點！可是大家的想法都一樣，不管到哪裡都人滿為患。想避開人潮的話，難道只能放棄人氣景點嗎…？

解決！ 提早到或先預約可避免擁擠！

務必多利用早上人潮少的時段。此外，開放事前預約的餐廳或體驗型的觀光活動就先預訂。因來客數（報名人數）必定有上限，自然能避開擁擠。

建議早上造訪

兼六園 →P.76
開園時間是7:00（秋冬8:00）。晨間的散步很舒暢！

金澤21世紀美術館 →P.82
建議盡早入館！館外的永久作品早上也可觀賞。

東茶屋街 →P.90
上午人潮還不多，能悠閒散步逛街。

建議事先預約

壽司店 →P.28
壽司店的吧台座位數量有限，一定要先訂位。

體驗活動 →P.66
體驗型的觀光活動一般都有報名人數上限。

🔍 事件③

交通以公車為主，卻不能
使用一般的儲值卡，
且公車站牌好難懂…怎麼辦？

基本上，金澤觀光主要的交通方式是搭公車。話雖如此，公車的種類多，不同路線甚至會有不同站名，有些公車還不能使用一般的交通儲值卡…混亂的情形層出不窮。

解決！ 租借「城市共享單車（Machinori）」順暢移動

觀光景點密集的金澤正好適合騎單車移動，也可免去擠公車的不便。多多利用共享單車的服務吧！

STEP 1	申請	下載專用APP，註冊會員
STEP 2	租借	到停靠站點借單車
STEP 3	歸還	到鄰近的停靠站點歸還單車

利用時間 ※城市共享單車事務局營業時間為9:00～18:00
出租24小時　歸還24小時

費用
單次會員租1次165日圓（每超過30分鐘加收110日圓）
1日暢行證1650日圓（到服務窗口購買為1650日圓）

金澤市共享單車Machinori事務局
かなざわしこうきょうシェアサイクルまちのりじむきょく

🏠 金澤市此花町3-2 Live 1大樓1F　☎ 076-255-1747
🕘 9:00～18:00　🈺 全年無休　🚉 JR金澤站即到
金澤車站周邊 ▶MAP P.4 A-1

解決！ 入手1日乘車券GET

只要購買超值的乘車券，就能一整天在市區中心（指定範圍內）無限次數搭乘公車，移動就會很方便。包括「城下町金澤周遊巴士」和「金澤flat公車」，還有市內的路線公車都可無限次搭乘。

金澤市內1日乘車券600日圓
販售地點／交通案內所、北鐵站前中心（金澤車站東口巴士總站內）、片町服務中心等。

→P.152

解決！ 先確認好公車的種類

觀光主要利用連結金澤車站與市區的「市公車」，以及巡迴各人氣景點的「城下町金澤周遊巴士」共2種。先記起來移動就會更順暢！

公車大致分成2大類！

市公車（Machi Bus）

金澤周遊巴士　詳情 →P.153

🚲 「城市共享單車」適用一般交通儲值卡或以手機感應租借，很方便！　　11

好想拍美照！
漫步在如詩如畫的街道

古色古香的茶屋街有彷彿迷宮般的巷弄和坡道，還有歷史悠久的武家屋敷遺跡，
金澤到處都是上相的網美街景。帶著相機輕鬆散步吧！

一窺當年繁華的茶屋街
東茶屋街
ひがしちゃやがい

過去因加賀藩的許可而設立的街，曾
是上流階層人士流連忘返之地。一樓
是成排格子窗的茶屋建築林立，可一
探昔日古色古香風情。
→P.90

先到必訪景點
古色古香的街區逛逛

不愧是
網美景點

📷 拍美照POINT！
想拍最具代表性的
茶屋街景照就來這
條主街道！試著從
低角度拍拍看！

跟門簾
一起入鏡吧

茶屋街上有多家
咖啡店。有歷史
卻也好新穎！

喀嚓

與石川縣吉祥物
「百萬先生」相
同造型的可愛甜
點一起合照。

喀嚓

茶屋街從傍晚時
分開始點燈，更
加風情萬種。

TOWN

如畫街景

四季美景

藝術景點

百萬先生&八幡小姐

討個吉利

氣氛閒適的茶屋街和暗坂是適合穿和服的熱門攝影景點。

穿著和服漫步於文豪也曾流連的茶屋町

沿著河岸悠閒散步吧♪

> 拍美照POINT！
> 位於河畔的主計茶屋街有座行人專用的木造橋

CUTE!

新潮的圓點圖案護身符有多種顏色款式。

到網美神社參拜♪

> 拍美照POINT！
> 畫有神官犬的許願繪馬很受歡迎，一整排都是可愛的「Kima醬（きまちゃん）」

可愛的「Kima醬」歡迎你的到來

石浦神社
いしうらじんじゃ

相傳草創於2200年前，是金澤最古老的神社。神社的吉祥物「Kima醬」為設計主題的護身符等款式眾多，很多女性特地為此而來。
→P.20、85

> 發現！
> 蔚為話題的花手水

近來，花手水在社群媒體蔚為話題。石浦神社的淨手處也以季節花朵點綴，成為繽紛美麗的花手水。

一生的相遇

文豪也為之著迷的風雅街區

主計町茶屋街
かずえまちちゃやがい

沉穩石板路的茶屋街有許多歷史建築，而被指定為重要傳統建造物群保存地區，也曾出現在金澤三大文豪之一泉鏡花的作品裡。
→P.100

這一帶的「鞍月用水（水渠）」流往香林坊。

> 拍美照POINT！
> 彷彿回到江戶時代，享受穿越時空的非日常感！

保留江戶時代氛圍復古的街道

古意盎然的街道讓人忍不住逗留

長町武家屋敷遺跡
ながまちぶけやしきあと

充滿歷史感的武家屋敷櫛比鱗次，古老的土牆綿延一帶。保有藩政時代風情的景觀留存至今，信步走在小路上也樂趣無窮。
→P.108

不分四季皆美麗！
遊覽金澤城公園&兼六園

到金澤旅行，不可不去的必訪景點就屬金澤城公園&兼六園。
粉紅色櫻花綻放的春天很不錯，空氣特別清淨的冬天也難割捨。你喜歡哪個季節？

春

金澤城公園約種植了400棵櫻花樹，是金澤首屈一指的賞櫻名勝。石牆邊的櫻花姿態動人，和石川門相輝映的景色更是美得令人屏息。

金澤城公園 →P.78

賞櫻名勝
金澤最具代表性的

櫻花和石川門夜間會點燈

**春天的兼六園
免費開放參觀**

預計4月上旬

隨金澤氣象台公告的櫻花開花日期，實施為期約一週的免費開放入園，晚上還有夢幻的點燈活動。

古城的象徵
綠草如茵好美麗

**金澤
百萬石祭典**

預計6月上旬

紀念前田利家入主金澤城，為金澤奠定繁榮基礎而舉辦的祭典。金澤城公園也是大遊行的終點站。

夏

若想欣賞晴空萬里、綠草坪和石牆形成對比的城廓風景，推薦夏季來訪。
園內的玉泉院丸庭園（→P.81）也是夏天屬最佳觀賞季節。

金澤城公園

❀ What is

幅員廣大的兼六園種植了許多花草。許多遊客專程為賞美麗花朵而來。

兼六園春夏秋冬可賞的花

春 櫻花 4月

夏 燕子花 5~6月

秋 楓葉 11月

冬 梅 2~3月

夢幻的世界
映照池面上

秋

兼六園占地比東京巨蛋大2.4倍。
秋天的看頭當屬由綠轉黃紅的楓葉。
一到夜晚，園裡的霞池和瓢池
就會點燈映照出豔麗的楓紅。

兼六園 →P.76

金澤城・兼六園四季物語
「秋之段」
10月下旬～11月

夜間點燈是期間限定的活動。11月後還能看到冬天特有的「雪吊」景致，不妨事先查看日期。

這就是雪吊！

冬日的幾何造型
守護著名園

兼六園雪吊
11月～3月中旬

雪吊必須依照樹種與樹枝的狀態調整技法，光是園區的作業就高達800處。

冬

說到金澤的冬日風情畫就屬雪吊美景。
為了避免樹木被積雪的重量壓垮，
實行雪吊工法，猶如藝術作品。
每年靜靜守護著瑞雪紛飛的冬季兼六園。

兼六園

兼六園於夏天的盂蘭盆節和冬天的歲末年初，每季都有設定免費開園日

大飽眼福♡
蔚為話題的藝術景點

金澤有許多可拍出網美照的藝術景點！
絕對想去的當紅博物館，記得出發前先確認好開館日期。

1

網美作品齊聚一堂
金澤21世紀美術館 →P.82
かなざわにじゅういっせいきびじゅつかん

妹島和世與西澤立衛共同創立的建築事務
所SANAA設計的現代藝術美術館。館內外
展示著各具特色的作品。傑出藝術家輪番
登場的特展也值得關注。

① 「游泳池」／Leandro Erlich／2004年作
② 「Colour activity house」／Olafur Eliasson／
2010年作 ③ 「球形亭」妹島和世＋西澤立衛／
SANAA／2016年 ④ 「測量雲的男人」Jan Fabre
／1998年 ⑤ 「Blue Planet Sky」James Turrell
／2004年作

wow!

✿ How to

金澤21世紀美術館的攻略密技

❶ 配合旅行計畫
選擇區域
逛完所有區域需時約3小
時。事先查好想看的作
品吧！

❷ 夜晚的美術館
樂趣倍增
藝術作品會打上燈光，夜間
遊美術館也很好玩！最新開
館時間請上官網確認。

遇見工藝名品

國立工藝館
こくりつこうげいかん

日本唯一專攻工藝‧設計的國立美術館。活化了舊陸軍第九師團司令部廳舍和的舊陸軍金澤偕行社的建築物。

→P.86

在懷舊的建築裡感受近現代的工藝之美

買伴手禮可選Azuma托特包，各2200日圓。

① 國立工藝館外觀 ② 金子潤《無題 13-09-04》，2013年 ③ 松田權六的工作室 ④ 與工藝品相遇2D觀賞系統 ⑤ 橋本真之《果樹園—葉片間的陽光穿透果實，果實沐浴在葉片間的陽光中》，1978-88年 ①～⑤ 攝影：太田拓實

寬廣的空間

① 藏書分成童書、地域書籍等專區。
② 也有可舉辦活動或展覽的大廳、會議室。

在現代化的圖書館學習歷史！

建築物好迷人！

了解金澤的特產物和歷史

金澤海未來圖書館
かなざわうみみらいとしょかん

圖書館外牆上設置了約6000個圓窗，嶄新的建築引發熱議而大受矚目。當地有醬油、機械工業等多元的製造業，因此也收藏了許多關於地方資訊的書籍。

🏠 金澤市寺中町イ1-1　☎076-266-2011
🕙 10:00～19:00（週六日、假日到17:00）　🚫 週三（遇假日開館）、特別整理期間　🚌 公車站金澤海未來圖書館前站即到　🅿 100台
[金澤市郊外]　▶MAP P.9 D-2
→P.118

TOWN

如畫街景

四季美景

藝術景點

百萬先生&八幡小姐

討個吉利

CUTE!

金澤特有的吉祥物

可愛的百萬先生
&八幡小姐令人著迷！

石川縣的觀光宣傳吉祥物「百萬先生」和造型圓滾滾的「八幡小姐」
深深擄獲少女心，大受歡迎！

在金色屏風前
和百萬先生合影留念

百萬先生商品的寶庫

八百萬本舖
やおよろずほんぽ

原是五金行的民房改造成複合式商
店，販售潮流感十足的九谷燒、百萬
先生的周邊商品等。店舖2樓有「百
萬先生之間」，可坐在百萬先生旁拍
攝紀念照。

→P.101

1 包裝可愛的名產讓
人光看就想買。 2 還
可以抽籤。 3 百萬先
生的商品專區「百萬先
生之家」。 4 也有與
金澤咖哩聯名推出的商
品。

TOWN

如畫街景

四季美景

藝術景點

百萬先生＆八幡小姐

討個吉利

✿ What is

八幡小姐

長年深受金澤市民喜愛的「加賀八幡起上（不倒翁）」的暱稱，當地有用來贈送慶祝孩子誕生或祝賀結婚喜事的習俗。

為傳統工藝帶來現代風

岩本清商店
いわもときよししょうてん

販售職人精心製作的托盤、杯墊等小物的金澤桐工藝店。除原創商品之外，也有販賣八幡小姐的各式商品。

🏠 金澤市瓢簞町3-2 ☎ 076-231-5421 🕙 10:00～18:30 🚫 週二 公車站明成小學校前站即到 🚗 無

金澤車站周邊 ▶ MAP P.4 C-1

公主不倒翁卡片
2張組 550日圓

裝入標準信封就能以84日圓郵資寄到日本各地。

讓人捨不得吃的新名產！

多華味屋
たかみや

以當地吉祥物「百萬先生」為造型的今川燒，口感鬆軟，忠實呈現了細部花紋。可外帶。

→P.94

護身符
800日圓

各種形狀、尺寸的護身符也有八幡小姐的身影。

百萬燒
220日圓起

有紅豆、奶油、豆腐、生乳酪和季節限定等口味。

八幡小姐的起源神社

安江八幡宮
やすえはちまんぐう

祭神八幡大神誕生時被包在大紅色襁褓裡的樣子，就是加賀八幡不倒翁的起源。現在境內也有八幡小姐坐鎮幾處。

🏠 金澤市此花町11-27 ☎ 076-233-3688 🕙 9:00～16:00 🚫 全年無休 🎫 自由參拜 🚃 JR金澤車站步行5分鐘 🚗 20台

金澤車站周邊 ▶ MAP P.3 E-1

印有神社與八幡小姐的御朱印帖（參拜紀念）。八幡小姐保佑除厄、疾病痊癒、祈求健康等。

御朱印帖
1200日圓

繪馬
300日圓

福德仙貝
（內有陶偶）
1個346日圓

約有30種圖案。12月～1月下旬期間限定。

加賀八幡
不倒翁
825日圓起

塗了白胡粉和朱紅色的可愛八幡小姐很適合送禮。

加賀八幡
不倒翁吊飾
770日圓

創業超過170年的落雁老店

落雁 諸江屋 本店
らくがん もろえやほんてん

創業於江戶時代末期，販售金澤知名的傳統年節點心「福德仙貝」，內有八幡小姐等吉祥玩具。

→P.53

是特產也是回憶！

中島面屋
なかしまめんや

製作加賀人偶和金澤鄉土玩具的老店。除了販售八幡小姐之外，也可體驗手繪自己獨創的八幡小姐（體驗費880日圓）。

🏠 金澤市青草町88近江町市場館地下樓 ☎ 076-232-1818 🕙 9:00～18:00 🚫 週二（遇假日營業）🚃 公車站武藏辻、近江町市場站即到 🚗 無

近江町市場周邊 ▶ MAP P.4 C-2

看那視覺系的可愛外表！

入手吉利商品&御朱印！

藝術之都金澤不僅賞心悅目，還有許多可愛的吉利商品、護身符和御朱印！
討個喜歡的吉利，為自己招來好運吧！

誠心許願

在金澤最古老的神社祈求良緣

神社內有幾處網美打卡景點。

鳥居 最受女性愛戴的神社
石浦神社
いしうらじんじゃ

2200年前創建的神社，受到加賀歷代藩主的崇敬。不僅紅色鳥居林立的參道，印有吉祥物「Kima醬」的繪馬和護身符也很受歡迎。

→P.13、85

御朱印
五〇〇日圓

以季節花朵裝飾的御朱印每月更換。

金銀色的墨好華麗

御朱印
五〇〇日圓

位於神社內的廣坂稻荷神社也有御朱印。

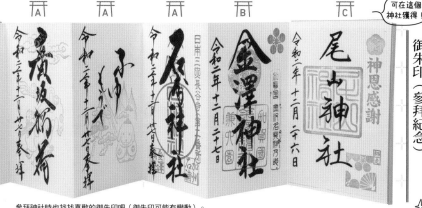

TOWN

如畫街景

四季美景

藝術景點

百萬先生＆八幡小姐

討個吉利

可在這個神社獲得！

豪華絢爛！蒐集金澤的御朱印（參拜紀念）

參拜神社時也找找喜歡的御朱印吧（御朱印可能有變動）。

101座鳥居綿延的參道是打卡拍照的熱點。

來此祈求學業進步

金澤神社
かなざわじんじゃ

1794年（寬政6）由第11代加賀藩主前田治脩創建為藩校的守護神社。供奉著日本學問之神菅原道真和掌管財運、消災除厄的白蛇龍神。

→P.84

閃亮亮的金箔

隨時可以獲得「金」字施以金箔的御朱印。

御朱印 五〇〇日圓

繪馬 五〇〇日圓

可以把Kima醬的臉畫成自己喜歡的樣子。

祈

選個喜歡的顏色吧

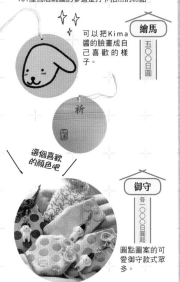

御守 各一〇〇〇日圓起

圓點圖案的可愛御守款式眾多。

御朱印帖 三〇〇〇日圓

木刻的御朱印帖很有厚實感。

和漢洋合璧的神門是地標

尾山神社
おやまじんじゃ

供奉加賀藩祖前田利家與正室阿松夫人的神社，創建於1873年（明治6）。拱形三層牌樓的神門，是國家重要文化資產。

→P.85

御朱印 五〇〇日圓

右下方的印章每月更換，令人期待。

金澤
飲食文化的
祕密

加賀文化的集大成
加賀料理

擁有海鮮、加賀蔬菜等豐富食材的金澤當今已是眾所周知的「美食之都」。在金澤飲食文化形成的背景下，有加賀文化的繁榮帶動加賀料理的誕生。「加賀料理」是指使用金澤產的食材製作的日本料理，並無明確的定義。相傳起源是藩祖前田利家受到主君豐臣秀吉的影響，以京都料理為基礎，融合了江戶武家文化，再進化成加賀料理。加賀料理的特色是外觀豪爽，就像從背部剖開鯛魚，塞入豆渣後蒸熟的代表性料理「蒸唐鯛」。這個歷史發展也大大影響了金澤的器物與建築，歷代藩主蒐集的九谷燒、輪島漆器等，與料理的技術一同被傳承了下來。以料理為中心，搭配了手藝和建築物發展至今，可說是加賀料理的特徵，也是魅力。

圖片提供：金澤市

加賀蔬菜

金澤自古栽種的傳統蔬菜稱「加賀蔬菜」。目前有15種各有特色的蔬菜獲得認定。

加賀蓮藕
澱粉質含量高，特徵是口感彈牙。

加賀粗黃瓜
外觀大如瓜，瓜肉厚實軟嫩。

打木赤皮甘栗南瓜
（紅栗南瓜）
顏色鮮豔的外皮很薄，瓜肉水嫩。

金時草（紅鳳菜）
葉子正面是綠色，背面是紫紅色。有獨特的滑溜口感。

海鮮

日本海捕獲的海產全都好新鮮！
味道和口感皆上等，整年都吃得到更是讚。

魚如其名喉嚨是黑色的

黑喉魚
油潤鮮美的高級魚。生吃熟食皆合適。

岩牡蠣
夏季是當令，體型較一般牡蠣大，更有飽足感。

日本鳳螺
口感爽脆，也是金澤關東煮的食材之一。

加能螃蟹
在石川縣捕獲的雄松葉蟹。

在地釀酒

以加賀平原栽種的米和富含礦物質的白山伏流水釀造的清酒，把料理襯托得更美味。

用餐少不了來一杯

日本清酒
各酒廠釀造的酒各有特色，小酌評比一下也很有意思。

器物

石川縣內有好幾個日本代表性的器物產地。
襯托料理的器物對金澤飲食文化不可或缺。

九谷燒
產自石川縣南部，特
色是稱為「五彩手」
的鮮豔釉上繪。

金澤漆器
源自京都蒔繪的名工
匠傳授技法，金澤特
有的漆器。

輪島塗漆
產自輪島市的漆器，
以多層塗漆加工，特
徵是堅固耐用。

營造美好
生活

甜點和抹茶
一起享用。

糕點

與茶湯文化一起發展至今的日式甜點，
在季節更迭或生活的節慶日必不可少。

豇豆餅
麻糬表面裹上滿滿豇豆，
帶一點鹹味。

金花糖
做成鯛魚、竹筍等形狀的糖
果，象徵一整年的山珍海味。

米麥糖
原料只有米和大麥而已。
甜味溫和的樸實糖漿。

室饅頭
內有紅豆餡，外皮有3色。當地
有每年7月1日食用的習俗。

五色生菓子
婚禮或上樑儀式等喜慶場
合分送的5種糕點。

落雁（乾糕）
與茶文化一同發展的糕餅，
也有口感濕潤的生落雁。

✿ What is

金澤有許多
奇特名字的料理！

金澤有些在地美食光聽名字也
猜不透是什麼材料和做法。你
知道幾個？

☑ **No.1 ▸ 舔舔（Berobero）**

喜慶時少不了這道加入砂糖
和蛋花的寒天凍。

☑ **No.2 ▸ 表兄弟湯**

加了紅豆、豆腐、蔬菜一起
煮，類似味噌湯的湯品。

☑ **No.3 ▸ 荷蘭煮**

把煎炸過的食材燉煮成鹹甜
口味，最有名的是茄子。

☑ **No.4 ▸ 御靈**

糯米加入黑豆蒸煮的糯米
飯，有時也會撒上黃豆粉。

☑ **No.5 ▸ 治部煮**

鴨肉和麵麩等食材一起燉煮
的料理。通常佐山葵提味。

🍴 EAT

海鮮丼

壽司

近江町市場

加賀料理

當地美食

早餐

金澤法式料理

下午茶&甜點

EAT 01 說到金澤就屬這個

好想大口吃海鮮丼！

豪爽裝滿繽紛鮮魚的海鮮丼，讓人忍不住驚呼「也太滿了」！
食材沒話說，米飯和調味料也要講究，來一碗個性十足的丼飯吧！

14種時令海鮮！
豪奢大啖當地鮮魚

滿出來的新鮮海產讓人食欲大開。

特得近江町蓋飯 3800日圓
14種海鮮加上自製玉子燒等。

用盡在地食材的奢華蓋飯
近江町市場 海鮮丼 魚旨
おうみちょういちば かいせんどん うおうま

以「地產地銷」為理念，不只海鮮，連米和調味料都選用當地產品。米飯甚至取名水「白山冷水」炊煮而成，講究程度可見一斑！

🏠 金澤市下堤町19-3 ☎ 不公開 🕚 11:00～18:00（食材用盡即打烊） 🗓 不定 🚌 公車站武藏辻・近江町市場站隨到 🅿 無

近江町市場周邊 ▶MAP P.4 B-2

1 居家般的溫馨氣氛。 2 位於熱鬧的近江町市場。 3 便宜大碗的近江市場丼1960日圓。

豪華 No.1

上等散壽司近江町（特盛）3250日圓
海鮮沒話說，調和醬油和酒熟成的獨門醬油也是一絕。

在近江町開業30年的人氣店

井之彌
いのや

黑喉魚與季節食材的炙燒散壽司3500日圓。

據說是金澤海鮮丼的發明店。有招牌的散壽司丼和季節限定的蓋飯等，丼飯多達40種品項，也有海鮮的單品料理。

🏠 金澤市上近江町33-1 ☎ 076-222-0818 🕙 10:00～16:00（週六、日9:30～） 🈳 週二（遇假日營業）
🚉 公車站武藏辻・近江町市場站可到 🚗 無
近江町市場周邊 ▶ MAP P.4 B-2 →P.30

個性派菜單！

竹乃家特級海鮮丼 時價
春天吃北陸褐蝦，隨季節更換當季盛產的海鮮！

受當地愛戴的食堂老店

竹乃家
たけのや

淋上滿滿鮭魚卵的鮭魚親子丼，時價。

菜單有定食、麵食、丼飯、單品料理等豐富品項。使用當季海鮮的菜色很受歡迎，也有很多只有這裡才吃得到的獨創丼飯。

🏠 金澤市八日市出町27-2 ☎ 076-249-5392 🕙 11:00～15:00、17:00～21:00（週日、假日～20:00） 🈳 週一、每月第3個週日 🚉 公車站八日市出町站即到 🚗 18台
金澤市郊外 ▶ MAP P.9 D-2

CP值很高！

海鮮丼（華）2550日圓
食材有中腹肉、鰤魚、蟹肉等。＋330日圓可加金箔。

享受經濟實惠的海鮮

地物亭
じものてい

5種生魚片的定食1750日圓，價格很划算。

一如店名「在地之物」可盡享當地美味。除了丼飯，還有定食和單品料理等，價格實惠也令人欣喜。

🏠 金澤市上近江町27-1 ☎ 076-223-2201 🕙 11:00～15:00（週日、假日9:00～） 🈳 週三（遇假日營業）
🚉 公車站武藏辻・近江町市場站可到 🚗 無
近江町市場周邊 ▶ MAP P.4 C-2

新鮮最自豪

生生丼 地方級2200日圓 世界級3300日圓
共13～15種海鮮，另附醋飯。炙燒佐岩鹽享用。

一大早就來吃丼飯

生生亭 近江町店
いきいきてい おうみちょうてん

細火慢燉的鰤魚蘿蔔1000日圓也是必吃！

只有吧台座位的小店，從早上就開始大排長龍。招牌料理「生生丼」之外，也推薦數量限定的「清晨捕獲丼」2200日圓。

🏠 金澤市青草町88 近江町市場館1F ☎ 076-222-2621 🕙 7:00～15:00（食材售完為止） 🈳 週四 🚉 公車站武藏辻・近江町市場站可到 🚗 無
近江町市場周邊 ▶ MAP P.4 B-2

EAT

海鮮丼

壽司

近江町市場

加賀料理

當地美食

早餐

金澤法式料理

下午茶&甜點

🥢 海鮮丼的食材種類和米飯可看出店家的獨到之處。有些店會把食材和米飯分開盛裝，連供餐方式也充滿自我主張。

02

高CP值且高水準！
吃迴轉壽司大飽口福

據說金澤是迴轉壽司的發祥地。不愧是正宗，饕客能以出奇便宜的價格享用新鮮海產做成的壽司。每家店都是高水準，要有排隊的心理準備。

其他推薦菜色

加入大隻螃蟹的香箱蟹味噌湯，660日圓。

Morimori3種壽司拼盤
1980日圓

鰤魚腹肉
480日圓

油脂肥美

比目魚鰭邊肉
660日圓

一日限定10份

近江町市場的排隊名店
Morimori壽司 近江町店
もりもりずし おうみちょうてん

早上就開張的迴轉壽司店，嚴選來自石川和富山的上等食材，份量又大，深獲好評。可一次吃到多種人氣食材的3種、5種壽司拼盤的菜單也很豐富。

🏠 金澤市青草町88 ☎ 076-262-7477 🕗 8:00～最後入店16:00（可能有變動，請洽店家） 🈺全年無休 🚌公車站武藏辻・近江町市場站隨到 🚗近江町市場停車場（付費）
近江町市場周邊 ▶MAP P.4 B-2
→P.30

北陸嚴選綜合拼盤
1340日圓

飽嘗鮪魚肉

黑鮪魚全餐
990日圓

冰見產的當日特選食材

港口直送的精選優質產品
大吃壽司吧！縣廳前店
すしくいねぇ！けんちょうまえてん

壽司使用金澤港和富山的冰見港新鮮直送的海產，由手藝精湛的師傅做出一個個道地的壽司。店裡有桌席和和室包廂，所以也接受團體客。

🏠 金澤市西都1-51 ☎ 076-268-3450 🕚 11:00～21:30 🈺全年無休 🚗從JR金澤車站開車約5分鐘
🅿75台 金澤市郊外 ▶MAP P.9 E-2

其他推薦菜色

鮮味濃郁的海鮮魚雜湯，310日圓。

黑喉魚壽司
740日圓

EAT

海鮮丼

壽司

近江町市場

加賀料理

當地美食

早餐

金澤法式料理

下午茶＆甜點

氣氛沉穩的店內。
吧台座位之外，也
有桌席，便於家庭
客利用。

新鮮食材就在車站內

迴轉富山灣 壽司玉 金澤車站店
まわるとやまわん すしたま かなざわえきてん

每日從金澤港、能登、富山的漁港進
貨2次新鮮海產，以實惠價格供應壽
司。店面位於車站內的好地段，適合
作為旅程的起點或終點。

🏠 金澤市木之新保町1-1 JR金澤車站西
口Anto西2F ☎ 076-235-3238
⏰ 11:00～21:30 🈺全年無休（有臨時
店休） 🚇JR金澤車站內 🚗無
`金澤車站周邊` ▶MAP P.3 D-1
→P.70

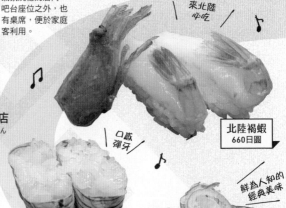

來北陸
必吃

口感
彈牙

鮮為人知的
經典美味

北陸褐蝦
660日圓

白蝦
880日圓

竹筴魚
275日圓

其他推薦菜色

推薦給想通
吃的饕客

白蝦天婦羅
858日圓

百萬石握壽司
（附湯）
4246日圓

油脂豐富

炙燒黑喉魚
968日圓

職人手藝的美麗壽司

金澤迴轉壽司 輝
かなざわかいてんずし きらり

依據每天的進貨狀況改變菜單，一
盤就能吃到多種食材的百萬石握壽
司很受歡迎，如坐吧台座位般享用
優質的壽司。距金澤車站近，交通
便利。

🏠 金澤市廣岡1-9-16 Mast Square廣場金澤1F ☎076-223-5551
⏰ 11:00～22:00 🈺全年無休 🚇從JR金澤車站即到 🚗無
`金澤車站周邊` ▶MAP P.3 D-1

🌸 When is

北陸的時令海鮮

11-2月 ▶ 寒鰤魚	北陸冬季的代表魚種。在石川縣外海捕獲的寒鰤魚，特別油潤鮮美。

11-3月 ▶ 黑喉魚	油脂肥美，亦稱為「白肉魚中的鮪魚肉」，市面上少有流通的高級魚。

11-3月 ▶ 甜蝦	
綿密黏舌，融化般的口感和甜味是特徵。	

11-3月 ▶ 加能螃蟹	6-8月 ▶ 岩牡蠣

石川縣產的松葉蟹。細緻的肉質和濃郁的蟹膏皆極品。	夏季是時令的牡蠣，以能登產的最聞名，口味濃郁醇厚。

©石川縣觀光連盟提供

享用憧憬的頂級壽司

兼具傳統與創新的極美江戶前壽司

食材沒話說店裡也處處講究

主廚套餐
25000日圓

主廚套餐
中餐11000日圓起，晚餐19800日圓起

幾道開胃前菜後上10個壽司。開胃菜和壽司皆可見新穎的創意。

冰見鮮魚做成江戶前壽司
鮨木場谷
すしきばたに

店主擁有東京名店與外燴壽司師傅的資歷，如他所言「時令最重要」，每天早上前往冰見漁港挑貨，提供鮮魚做成的江戶前壽司。

🏠 金澤市彥三町1-8-26 1F ☎ 076-256-1218 🕐 17:00～
21:00 🌙 週日 🚌 公車站橋場町站步行5分鐘 🚗 無
主計町茶屋街 ▶ MAP P.5 D-2

晚上的套餐是前菜加一道季節菜色，還有壽司。薑片比較大也是特色。

富立體感的豪氣壽司
鮨處淺野川
すしどころあさのがわ

店主自壽司名店小松彌助的料理長承襲了壽司的神髓。從食材的口感和香味、入刀的位置、調味、器皿到白木材質的吧台都多所堅持。

🏠 金澤市主計町2-13 ☎ 076-222-1114 🕐 11:30～14:30
（最後點餐14:00）、17:30～22:00（最後點餐21:30）
🌙 週三、四 🚌 公車站橋場町站可到 🚗 無
主計町茶屋街 ▶ MAP P.5 E-2

EAT

海鮮丼

壽司

近江町市場

加賀料理

當地美食

早餐

金澤法式料理

下午茶&甜點

金澤不僅集合了日本海的海產，曾在各地名店磨練手藝的料理師傅齊聚，能吃到全日本最頂級的壽司。在此介紹幾家吸引客人遠道而來、光看就垂涎的壽司名店。

傳達精緻細膩的手藝世界級的江戶前壽司

能感受到四季的壽司口感和鮮美的滋味是特色

主廚套餐
中餐8800日圓起，
晚餐19800日圓起

午晚都有提供下酒菜加壽司的套餐，可搭配在地釀酒一起享用。

擄獲全國饕客的名店
鮨光川
すしみつかわ

以金澤為首，從日本各地買進海鮮做成壽司，獲得米其林星級肯定。尤其是黑喉魚手卷堪稱一絕。享受細膩手藝製成的江戶前壽司，須先訂位。

🏠 金澤市東山1-16-2　☎ 076-253-5005　🕐 12:00～14:00、
17:30～22:00　🚫 週三　🚉 公車站橋場町站步行5分鐘
🚗 無　**東茶屋街**　▶MAP P.5 F-2

主廚套餐
中餐4500日圓起，
晚餐1萬日圓起

季節推薦食材與黑喉魚的壽司。以自製的醃漬菜代替薑片。

在俯瞰淺野川的町家中享受樂趣
主計町 鮨 向川
かずえまち すし むかいがわ

金澤首屈一指的名店姊妹店。配合魚種，精心採用不同刀法襯托食材的口感和鮮甜。黑喉魚壽司會稍微炙燒魚皮，更添鮮味。

🏠 金澤市主計町3-6　☎ 080-9781-9988　🕐 12:00～14:00、
18:00～21:00　🚫 週三、不定休　🚉 公車站橋場町站步行3分
鐘　🚗 無
主計町茶屋街　▶MAP P.5 D-2

🍣 坐在吧台享用的壽司店因座位數有限，且許多遊客特地為壽司而來，建議事先訂位。　　29

金澤美食大集合！
在近江町市場必做的5件事

在當地人暱稱為「Omicho」的近江町市場，可以品嘗海鮮，買金澤的美味特產……
這裡介紹5個近江町市場不能錯過的重點！

1 在市場吃午餐

說到近江町市場就是吃海鮮。
先來一份人氣的丼飯或壽司！

Morimori 3種壽司拼盤
1430日圓

金澤海鮮丼的
創始人氣店

井之彌
いのや

經常大排長龍的人氣店家。海鮮丼從基本款到季節限定的菜單，應有盡有。
→P.25

可以當早餐
一早就開張的迴轉壽司

Morimori壽司
近江町店
もりもりずし おうみちょうてん

一大早就可以奢侈享受嚴選食材。推薦可一次吃到不同食材的3種、5種壽司拼盤。
→P.26

新鮮現撈
海產

上散壽司近江町
「特盛」
3250日圓

只今より
100円引き

買哪一個
好呢？

金澤烏龍麵品嘗
優雅的湯汁放鬆身心

百萬石烏龍麵
近江町店
ひゃくまんごくうどん おうみちょうてん

每天早上精心熬煮的高湯是美味的關鍵。
☎ 076-261-4722
㉝ 8:00～15:00（高湯、烏龍麵售完為止）
㉘ 不定

近江町烏龍麵
960日圓

2 邊吃美食邊逛市場

發現美食就能當場品嘗也是逛市場的醍醐味！

享受現做的美味。

現炸酥脆的當地可樂餅

Diamond LII店
近江町可樂餅
ダイヤモンドエルツーてん
おうみちょうコロッケ

首推金澤特產的甜蝦，各式各樣的嚴選食材做成的可樂餅大受歡迎。

甜蝦可樂餅
350日圓

☎ 076-232-0341
㉝ 9:00～售完為止
㉘ 不定

豆漿霜淇淋
430日圓

冰室竹輪
420日圓

創立約150年的老店
不變的滋味深受喜愛

岩內蒲鉾店
いわうちかまぼこてん

魚板和竹輪的專賣店，每天手工現做的魚漿製品口感滑嫩，十分美味。

☎ 076-231-0952
㉝ 8:00～16:30
㉘ 週日、假日

好吃又健康
清爽的豆漿甜點

豆腐家 二六
とうふや ふたろく

販售豆腐、豆漿等各種大豆製品。豆漿霜淇淋的甜味清爽。

☎ 076-224-1028
㉝ 9:00～14:30
㉘ 週三、日和假日不定期

這個也
令人好奇

✿ What is

近江町市場

聚集了鮮魚店等共約180家商店的市場，金澤具代表性的一大觀光景點。MAP P.4 B-2

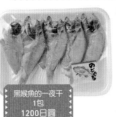

3 買海鮮特產

鮮魚製成的加工食品適合在家小酌時，當下酒菜！

黑喉魚的一夜干
1包
1200日圓

輕鬆享用黑喉魚

大口水產
おおぐちすいさん

北陸特產的高級魚黑喉魚做成一夜干後，鮮味更濃郁。有各式尺寸和價格。

☎ 076-263-4545　🕘 9:00～17:00（週日、假日為8:30～16:00）　🈂 週三不定期

星鰻棒壽司
1780日圓

炙燒鰤魚
100g 1080日圓

只切片就能享用！
新鮮美味的鰤魚

逸味潮屋 近江町市場店
いつみうしおやおうみちょういちばてん

經驗老到的師傅燒烤肥美鰤魚，把鮮味保留在魚肉裡的半熟炙燒很受歡迎。因為是冷凍食品，也適合用來送禮。

☎ 076-223-0408　🕘 9:00～17:00　🈂 週四（可能只有販售部門營業）

以特製醬料烹調
星鰻入口即化太感動

舟樂 近江町本店
しゅうらく おうみちょうほんてん

手押棒壽司的名店。使用肉質厚實的星鰻做成棒壽司，甜鹹口味的醬料讓人食指大動。

☎ 076-232-8411　🕘 9:00～17:00　🈂 全年無休

4 白天開喝也OK！在一服橫丁立食小酌

感受著市場熱鬧的氣氛，以當地美食為下酒菜，輕鬆小酌一下。

北陸三縣的地方釀酒很豐富，令人開心。

必吃烤牡蠣等新鮮海味！

再來一杯如何？

一次吃遍金澤美食

一服橫丁
いっぷくよこちょう

近江町市場內的餐飲區。有海鮮料理和金澤關東煮等，人氣的金澤美食齊聚一堂。

☎ 076-223-3789　🕘 9:00～18:00　🈂 週三

5 在金澤箱町挑戰做細捲壽司！

細卷壽司
2180日圓

挑戰製作自己專屬的細卷壽司

話題熱議的店家在「金澤箱町」，來體驗新型態餐飲！

獨特的建築外觀很吸睛
款待的複合式設施

金澤箱町
（KANAZAWA Hakomachi）

位於近江町市場旁的複合式設施。有許多販售可愛伴手禮的店家和咖啡館。

☎ 076-225-8600（Le Cube金澤）　🕘 10:00～20:00　🈂 不定
近江町市場周邊 ▶MAP P.4 B-2

coil
コイル

一改傳統的飲食文化變成現代化！可體驗把自己喜歡的餡料包成壽司卷，新形態的料理蔚為話題。

☎ 076-256-5076　🕘 11:00～21:30（最後點餐20:30）　🈂 不定
近江町市場周邊 ▶MAP P.4 B-2

建議上午去逛近江町市場，晨間店家的海產最新鮮齊全，人潮也少，可順暢購物。

用餐地點也是極品！
極致的加賀料理

「加賀料理」是擁有山珍海味的石川縣特有的宴客料理。
蘊含加賀百萬石的歷史與美學的加賀料理，可說是金澤美食的精隨！

文豪也著迷
代表金澤的老店

中午的宴席套餐
8223日圓起
主菜是魚內塞了銀杏、木耳、豆渣等食材的「唐蒸鯛」，套餐內容盡是奢華。

這是治部煮

來去看看吧！

登門前要先訂位。

從走廊望去的庭園也很有氣氛。

氣派的包廂散發沉靜氛圍。

治部煮的鴨肉（雞肉）是甜甜鹹鹹的調味。

用餐環境
和室超過150年歷史，也有可眺望庭園邊用餐的包廂。

傳承前田家端式料理的料亭
大友樓
おおともろう
從前田家第三代藩主利常的時期起，擔任加賀藩御廚的老店。據說司馬遼太郎也對店家的鄉土料理為之著迷。

🏠 金澤市尾山町2-27 ☎076-221-0305 🕐11:30～14:00、17:30～21:00 📅週三 🚌公車站南町・尾山神社站隨到 🚗無
兼六園周邊 ▶MAP P.4 B-3

❀ What is

加賀料理

加賀料理以豐富的山海食材與武家文化為底蘊，融合京都與江戶的文化，成就了加賀百萬石獨特的宴席料理。不光是料理，也要一併欣賞九谷燒、漆器等美麗的器皿！

| 治部煮 | 蕉菁壽司 | 蒸蓮藕 |

治部煮御膳
5000日圓
除了充滿季節感的前菜，還有治部煮和釜飯等。

用餐環境
位於東茶屋街的高處，從包廂可望見茶屋街和庭園。

美食家青睞的料亭
感受季節的加賀料理

山乃尾
やまのお

從明治時代營業至今的料亭旅館。因美食家北大路魯山人青睞而聲名大噪，一定要品嘗滋味豐富的治部煮。

🏠 金澤市東山1-31-2 5
☎ 076-252-5171
🕐 11:30～14:00、17:00～21:00 🈺 不定 🚌 公車站東山站步行5分鐘
🚗 7台

東茶屋街
▶ MAP P.5 F-2

中午的套餐
9405日圓（含服務費）
全部7～8道菜，最後以現做的葛粉湯結尾。

用餐環境
所有包廂都能眺望庭園。

活用明治時代宅邸的名料亭
料亭・穗濤
りょうてい ほなみ

有歷史的建築看起來十分氣派。料理不在話下，器皿、宴席和服務都是一流。

🏠 金澤市清川町3-11 ☎ 076-243-2288
🕐 11:30～14:30、17:30～22:00 🈺 不定
🚌 公車站片町站步行6分鐘 🚗 20台

西茶屋街 ▶ MAP P.8 B-3

晚餐會席
2萬7500日圓
大量採用時令食材的會席料理，精緻細膩且色彩繽紛。

用餐環境
在老字號料亭名店的高級宴席享用當季美食。

傳承自寶曆2年(1752)的深奧滋味
鍔甚
つばじん

從江戶時代營業至今的料亭，伊藤博文也曾造訪。品味風雅的宴席與加賀傳統料理。

🏠 金澤市寺町 5-1-8 ☎ 076-241-2181 🕐 11:00～14:00、17:00～21:00 🈺 週三 🚌 公車站廣小路站步行3分鐘 🚗 10台

西茶屋街 ▶ MAP P.8 B-3

EAT

海鮮丼

壽司

近江町市場

加賀料理

當地美食

早餐

金澤法式料理

下午茶&甜點

🔍 說到加賀料理的代表料理就屬治部煮。隨不同的店家選用鴨肉或雞肉，食材、調味方式也各異，到處品嘗評比看看，也很有意思。

一整年都吃得到！
吃遍金澤關東煮

不分白天晚上、冬天或夏天，一整年都吃得到金澤關東煮。
關西風味的清爽湯頭滋味鮮美，加入當令的加賀蔬菜、車麩、海鮮等各式各樣的在地食材！

下一個要吃什麼？

出發前就能品嘗
古早的好味道

A

車站內「黑百合」

其他推薦菜色！
白山硬豆腐
480日圓，口味濃郁令人印象深刻。

燒賣
250日圓

車麩
250日圓

沙丁魚魚丸
380日圓

B

昭和復古的「菊一」

長年受顧客喜愛的
溫暖款待

C

大排長龍的「三幸本店」

傳承55年的
祕製高湯深受歡迎

其他推薦菜色！

白味噌燉牛筋肉275日圓，很適合配酒。

手工沙丁魚魚丸
330日圓

白蘿蔔
275日圓

生麩
330日圓

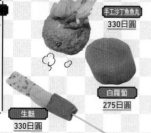

其他推薦菜色！

自製炸魚糕「三幸揚」760日圓，口感鬆軟。

肉丸子
300日圓

玉子燒
270日圓

EAT

海鮮井

壽司

近江町市場

加賀料理

當地美食

早餐

金澤法式料理

下午茶&甜點

創意過人
老闆娘自豪的食材

女將之味「赤玉本店」

食材煮得很美味

鳳螺
時價

赤玉
390日圓

車麩
280日圓

其他推薦菜色！

細火慢燉的滷牛筋，1人份570日圓。

E 滋味豐富
在地食材的競合

自豪的湯頭「高砂」

金澤飛龍頭
400日圓

牛筋
2支400日圓

其他推薦菜色！

結合關東煮與咖哩的咖哩關東煮，900日圓。

魚板
300日圓

車站裡就能吃到的人氣店

A 季節料理・關東煮 黑百合
きせつりょうり・おでん くろゆり

位於金澤車站，地段便利的店。豐富的關東煮食材以特製高湯熬煮入味。

🏠 金澤市木之新保町1-1金澤百番街Anto1F
☎ 076-260-3722 🕐 11:00～21:30（最後點餐21:00） 🈺全年無休 🚉 JR金澤車站內
🚗無 金澤車站周邊 ▶ MAP P.3 D-1 →P.71

復古的氣氛也是有滋有味

B 菊一
きくいち

昭和9年（1934）創業。不斷添加熬煮的獨門高湯有著金澤特有的豐富滋味。

🏠 金澤市片町2-1-23 ☎ 076-221-4676
🕐 17:30～22:00（售完為止）🈺 週二、三
🚉 公車站香林坊步行3分鐘 🚗 無
片町 ▶ MAP P.8 C-2

關東煮種類和單品料理都很豐富！

C 關東煮居酒屋 三幸 本店
おでんいざかや みゆき ほんてん

菜單豐富多樣的居酒屋，隨時維持在30種以上的關東煮品項。

🏠 金澤市片町1-10-3 ☎ 076-222-6117
🕐 17:00～23:00（最後點餐22:30）
🈺 週日、假日（有臨時店休）🚉 公車站片町站步行3分鐘 🚗無
片町 ▶ MAP P.8 B-3

獨特的關東煮食材引人矚目

D 赤玉本店
あかだまほんてん

昭和2年（1927）創業。夏天推出加賀蔬菜搭配高湯凍的夏季關東煮菜色。

🏠 金澤市片町2-21-2 ☎ 076-223-3330
🕐 12:00～22:00（週日、假日～21:00）
🈺 週一（遇假日休隔天）🚉 公車站片町站隨到 🚗 無 片町 ▶ MAP P.8 B-2

80多年不斷添加的湯頭是極品

E 關東煮 高砂
おでん たかさご

從老闆的祖父傳承下來的老店，關東風味的湯頭和大塊食材是特徵。一定要吃咖哩口味的關東煮！

🏠 金澤市1-3-29 ☎ 076-231-1018
🕐 16:00～關東煮售完為止 🈺 週日、假日 🚉 公車站香林坊站步行3分鐘 🚗無
片町 ▶ MAP P.8 C-2

🦀 冬天時，金澤關東煮會有「蟹面」登場。「蟹面」就是在香箱蟹的蟹殼裡填入蟹肉、蟹膏烹煮，11～12月的限定食材。

其實是庶民美食的寶庫！
征服金澤在地美食

金澤除了傳統的加賀料理和海味之外，還有許多便宜又好吃的庶民美食！
從享譽全日本的餐點到當地人熱愛的隱藏版美食，來大快朵頤吧！

外皮酥脆
內餡多汁

-WHIT GYO-ZA-
A 白餃子　庶民美食

稍微過油後再煎，口感香酥的煎餃。

-KANAZAWA UDON-
C 金澤烏龍麵　庶民美食

溫和的高湯加入豆皮、長蔥燉煮的簡單湯麵。

會吃上癮的
多汁煎餃

**第7餃子的店
白餃子**
10個650日圓

酥脆的外皮和辛香的內餡令人食指大動。

偏甜的湯頭加了很多豆皮

-KANAZAWA CURRY-
B 金澤咖哩　庶民美食

濃郁的咖哩搭配炸豬排和高麗菜絲一起吃。

醇濃滋味絕對好吃！

**咖哩的冠軍
L炸豬排咖哩**
960日圓

豬排是點餐後現炸，口感酥脆脆的。

**小橋多福
豆皮烏龍麵**
850日圓

偏軟的烏龍麵和吸飽高湯的豆皮很美味。

A 一天可賣出1萬個！
第7餃子的店
だいなながギョーザのみせ

開業59年的餃子專賣店。口感酥脆的外皮包裹著30種以上材料的內餡。

其他推薦黑店色！
煎餃（大）7個637日圓，份量十足。

🏠 金澤市森之里1-259　☎ 076-261-0825
🕐 11:00～22:00　🚫 週三（遇假日營業，休隔天）　🚃 公車站若松站步行5分鐘
🅿 100台
金澤市郊外　▶ MAP P.9 F-2

B 備受當地人喜愛的連鎖店
咖哩的冠軍野野市本店
カレーのチャンピオンののいちほんてん

濃醇美味的咖哩擄獲了眾多粉絲的味蕾。有豐富配菜供選擇，享受自己喜歡的咖哩！

其他推薦黑店色！
炸菲力豬排咖哩，860日圓。

🏠 野野市市高橋町20-17　☎ 076-248-1497　🕐 11:00～23:00　🚫 全年無休（有夏季店休）　🚃 JR野野市大宮前車站步行8分鐘　🅿 30台
野野市　▶ MAP P.9 E-3

C 簡單吃不膩的烏龍麵
小橋多福
こばしおたふく

1930年（昭和5）創立的烏龍麵店。招牌料理是豆皮烏龍麵，豆皮切成長方形是金澤的風格。

🏠 金澤市彥三町1-9-31　☎ 076-231-7205　🕐 11:30～最後點餐14:00、17:30～最後點餐20:00（週六、日、假日11:00～20:00）　🚫 週三
🚃 公車站彥三北站即到　🅿 40台
主計町茶屋街　▶ MAP P.5 D-1

喜歡西餐的人看過來！
夢幻的聯手出擊

°HANTON RICE°
D 匈通飯 庶民美食

集蛋包飯、炸物、塔塔醬於一盤的料理。

Grill Otsuka
匈通飯（中盤）
1150日圓
鬆鬆軟軟的蛋包飯淋上自製的塔塔醬。

°8BAN RAMEN°
E 8番拉麵 庶民美食

寫著「8」字的魚板是標誌，粗卷麵和滿滿的蔬菜是特徵。

滿滿國產蔬菜的溫和滋味

°TORI YASAI°
F 野菜味噌火鍋 庶民美食

香醇的「蔬菜味噌火鍋」是石川縣冬天必吃的美食。

特製味噌的醇厚與美味令人讚嘆

野菜味噌松屋桂店
蔬菜味噌火鍋
1人份550日圓
肉類有雞、豬、牛可選。蔬菜有白菜等。

8番拉麵
野菜拉麵（鹽味）
726日圓
以大火快炒蔬菜造就爽脆口感。

可吃到滿滿堆成小山的蔬菜

D 開業60年以上的人氣西餐廳

Grill Otsuka
グリルオーツカ

招牌的「匈通飯」是昭和年間發明的餐點。飽足感十足，受到廣大年齡層顧客的喜愛。

其他推薦菜色！

♠ 金澤市片町2-9-15　☎076-221-2646　⏰ 11:00～15:30、17:00～19:50　㊡ 週三　🚌 公車站香林坊站步行4分鐘　Ⓟ 無
片町 ▶ MAP P.8 B-2

古早味拿坡里義大利麵，1050日圓

E 大人小孩都愛吃的人氣拉麵

8番拉麵金澤車站店
はちばんらーめんかなざわえきてん

1967年（昭和42）創始的拉麵店。招牌的野菜拉麵有鹽味、味噌等5種口味可選擇。

其他推薦菜色！

♠ 金澤市木之新保町1-1 金澤百番街Anto 1F　☎076-260-3731　⏰ 10:00～22:00（最後點餐21:30）　㊡ 全年無休　🚌 JR金澤車站內　Ⓟ 無
金澤車站周邊 ▶ MAP P.3 D-1　→P.70

清爽的鹽味拉麵最受歡迎，不過香醇的味噌口味也有眾多擁護者。

F 石川縣民熱愛的名鍋物

野菜味噌松屋桂店
とりやさいまつやかつらてん

品嘗長年受當地人喜愛的石川家鄉味「蔬菜味噌火鍋」。

♠ 金澤市桂町イ32-4　☎076-268-8174　⏰ 11:00～14:00、15:00～22:00　㊡ 全年無休　🚌 公車站桂町站步行10分鐘　Ⓟ 10台
金澤市郊外 ▶ MAP P.9 D-1

🌱 「第7餃子的店」的白餃子原味外，還有煎餃、蒸餃、水餃、湯餃等豐富種類，隨時待命！

EAT

海鮮丼

壽司

近江町市場

加賀料理

當地美食

早餐

金澤法式料理

下午茶&甜點

自豪的在地釀酒和鮮魚
晚上到海鮮居酒屋乾杯！

海產的寶庫金澤到處都有能吃到超新鮮海味的海鮮居酒屋。
搭配在地釀造的清酒，多點一些想吃的料理吧！

熟知北陸海產
老闆的特製料理

請慢用！

歡迎向老闆詢問本日推薦菜色。

知名老闆的店
ITARU本店
いたるほんてん

以每天從富山的新湊、能登的宇出津、金澤的漁港進貨的鮮魚為主，也供應季節的加賀蔬菜料理。

♠金澤市柿木島3-8
☎076-221-4194
🕒17:30～23:00
🈺週日 🚌公車站香林坊站步行4分鐘
🅿無

香林坊 ▶MAP P.6 B-2

方言稱為「Kitokito」（活跳跳）的新鮮海產。

高人氣的吧台座位

推薦的1瓶酒

日本海桶裝生魚片	2860日圓
法棍脆蝦	880日圓
酒蒸黑喉魚	時價

福光屋的加賀鳶，半杯（90ml）550日圓起。

生魚片拼盤
1700日圓

以實惠的價格供應在地鮮魚。

午餐提供海鮮蓋飯等。

適合配北陸釀造的菜色豐富
刺身屋
さしみや

原本開魚店的老闆在近江町市場經營海鮮居酒屋。直接向市場的盤商進貨，可吃到超新鮮海產做成的創意料理。

♠金澤市青草町15-1 ☎076-231-7222 🕒10:30～21:00（週六～一、假日9:30～） 🈺全年無休 🚌公車站武藏辻、近江町市場前站可到 🅿無

近江町市場周邊 ▶MAP P.4 B-2

推薦的1瓶酒

福正宗 純米 黑標，1杯（180ml）650日圓。

挑魚的眼光精準
時令海鮮料理與下酒菜

簡直就是藝術品！

放上金箔，連視覺都大飽「眼」福的極品料理。

EAT

海鮮丼

壽司

近江町市場

加賀料理

當地美食

早餐

金澤法式料理

下午茶＆甜點

老闆的創意與用心
每一道料理都充滿

創意十足的豐富菜單

八十八
はとは

以日式料理為本，加入西餐或中式的元素。適合配清酒的下酒菜也很有品味。

建議提早訂位

🏠 金澤市木倉町6-6　☎076-260-8166　🕐 18:00～22:00　⑭ 週日、週一不定　Ⓑ 公車站片町站步行5分鐘　🚗 無
片町 ▶MAP P.8 B-2

菜單豐富也是高人氣的原因。

店裡以吧台座位為主。

推薦的1瓶酒

八寸（一人份）
2200～2700日圓
美麗的下酒菜以小缽盛裝，少量多樣。須先預約。

遊穗1杯（180ml）1100日圓。亦有多款葡萄酒。

採用肥美鰤魚的鰤魚涮涮鍋，1萬日圓（單品）。

海鮮和加賀料理
一改休閒風

居酒屋割烹 田村
いざかやかっぽう たむら

多位名人也曾造訪的創意居酒屋，供應鮮魚的創意料理和傳統的加賀料理等。

推薦的1瓶酒

香味芳醇的田村大吟釀，1杯（180ml）2200日圓。

我們還設有私人房間，您可以在那裡放鬆身心。

🏠 金澤市並木町2-18　☎ 076-222-0517　🕐 17:00～22:30　⑭ 週二、三（遇連休、假日營業）　Ⓑ 公車站橋場町站步行5分鐘　🚗 無
主計町茶屋街 ▶MAP P.5 E-2

螃蟹涮涮鍋（單品）
3萬8000日圓
生鮮蟹肉沾蟹膏享用的奢華名品。

還有很多季節性海產！

以創意料理提供極鮮美海產

屋攤 就來這裡吧！

總共
12家店！

許多店家營業到深夜，也歡迎單人客。

到屋台村喝酒續攤

通過吧KANAZAWA FOODLABO
とおりゃんせカナザワフードラボ

位於片町的屋台村聚集了多家餐酒店。從法式、義式餐廳到酒吧，各種型態的餐飲店齊聚。

🏠 金澤市片町2-23-6　🕐⑭ 隨店而異　Ⓑ 公車站片町站步行2分鐘　🚗 無　片町 ▶MAP P.8 B-2

🍴 續攤也推薦去當地人愛光顧的攤販街「中央味食街」，熱絡氣氛有如回到昭和時代。

在美食之都金澤

享用氣氛絕佳的早餐 ♡

擁有優質食材的美食之都金澤，從日式到西式早餐，各式各樣的名店齊聚。
眾所周知，金澤的早餐也很有看頭。明天早上，你想要吃什麼？

肉類、魚類都選用當地產！
講究食材的小餐館

早餐套餐
（庫克太太三明治）
1584日圓

可選主菜，搭配豐富沙
拉，附咖啡或紅茶。

極品法式三明治
×
獨棟小餐館

改造老舊的
鐵工廠！

Café
À table!

Petit déjeuner : 08h-11h
Déjeuner : 12h-14h
Café : 14h-16h
Dîner : 18h-22h30
Fermer : lundi
（月曜定休日）
Bonheur : Toujours

ひらみぱん

在異國情調的空間享用現烤麵包

Bistro Hiramipan
ビストロひらみぱん

人氣店家聚集的巷弄裡一家小餐館＆烘焙坊
使用自製雞肉火腿的庫克太太三明治是早餐的
招牌菜。

🏠 金澤市長町1-6-11　☎ 076-221-7831
🕐 8:00～10:30、12:00～15:30　🚻 週一　🚌 公車
站南町，尾山神社站步行7分鐘　🅿 1台

交通

1 店裡擺放復古家具，空間舒
適　2 剛出爐的麵包一字排開

一大早來點謎題如何？

自家烘豆咖啡
×
解謎

正統的自家烘豆咖啡店，可輕鬆入內很迷人。

夏洛克・福爾摩斯的早餐套餐　1090日圓

早餐菜單於7:00～12:00接受點餐。

獨特的懸疑咖啡館

謎屋咖啡店
なぞやこーひーてん

品嘗店家自己烘豆、手沖的正統咖啡，一邊享受解謎樂趣。菜單上有必須解開謎題才能點餐的品項，充滿玩心。

🏠 金澤市安江町19-6
☎ 076-208-3728
🕐 7:00～22:00
🈲 週二（遇假日營業）
🚉 JR金澤車站步行6分鐘
🚗 有合作停車場

金澤車站周邊　▶MAP P.4 B-1

空味噌定食　950日圓

可選配料的味噌湯和飯團，附小菜。

外帶OK

味噌
×
金澤車站

位於車站，抵達金澤就能嘗鮮。

港都的味噌湯專賣店

味噌湯食堂空味噌 百番街Rinto店
おみそしるしょくどうそらみそ ひゃくばんがいリントてん

從港都金石發跡的食堂，以特產味噌、新鮮海產做成的味噌湯和飯團。吃得到食材的單純美味，一早就活力充沛。

🏠 金澤市木之新保町1-1金澤百番街內　☎ 076-254-0034　🕐 10:00～20:00（LO19:30）　🈲 全年無休　🚉 JR金澤車站內　🚗 無

金澤車站周邊　▶MAP P.3 D-1

悠閒閒啟一天

古民宅
×
台灣料理

早上可悠閒享受攤車空間。

早餐套餐　2200日圓

可選台灣粥或鹹豆漿，附副菜和甜點。

在金澤街角享用台北的早餐

四知堂kanazawa
すーちーたんカナザワ

油商老店的民宅改造成台灣料理店。在氣氛絕佳的店裡，從早到晚都能享用以石川、金澤的食材做成的台灣料理。

🏠 金澤市尾張町2-11-24
☎ 076-254-5505
🕐 8:00～16:00、18:00～22:30
🈲 週三
🚉 公車站尾張町站即到
🚗 無

主計町茶屋街　▶MAP P.5 D-2

🍴
EAT

海鮮丼

壽司

近江町市場

加賀料理

當地美食

早餐

金澤法式料理

下午茶＆甜點

以主廚料理大啖美味在地食材！
享受金澤法式料理的美味時光

來到擁有山珍海味與傳統調味料的美食之都「金澤」，
就要品嘗看看只有這裡才吃得到的高級法式料理。

當地栽種的葡萄
精心釀成葡萄酒。

依餐點為客人搭配
適合的葡萄酒。

金澤首座
都會型酒莊

口味清爽的「MIEKO
刊貝爾紅酒」。

冷藏後
冰冰涼涼的喝！

改造金澤古民宅變
成葡萄酒釀造廠，
附設餐廳。

也要欣賞色彩鮮豔
美麗的九谷燒餐
具！

A 美食與美酒的絕妙組合
都會型酒莊附設的法式餐廳

A la ferme de Shinjiro
ア・ラ・フェルム・ドゥ・シンジロウ

可享石川縣當令食材與傳統工藝的法式古民
宅餐廳。自家釀造的葡萄酒也適合作為伴手
禮。感受蘊含加賀、能登一帶風土的葡萄酒
與餐食的美妙組合。午餐4950日圓起。

 金澤市尾張町1-9-9 ☎ 076-221-
8818 ⏰ 11:30～15:00、18:00～
22:00 ㊡ 週三、每月第2、4個週二
🚌 公車站尾張町站可到 🚗 無
主計町茶屋街 ▶ MAP P.5 D-2

EAT

海鮮丼

壽司

近江町市場

加賀料理

當地美食

早餐

金澤法式料理

下午茶&甜點

B 隱密的小酒館供應金澤食材做成的套餐
老闆娘烘焙的甜點也不容錯過

Bistro YUIGA
ビストロ ユイガ

在「YUIGA」可品嘗遊歷世界的店主以法式料理為本做出的獨創料理。老闆娘主掌的甜點也擁有眾多粉絲，套餐到最後都是味覺與視覺的饗宴。午餐3630日圓起，要訂位。

🏠 金澤市水溜町4-1
☎ 076-261-6122
⏰ 12:00～最後點餐
13:30（週六、日店休）、18:00～最後點餐
20:30 🈺 週一、每月第1個週二 🚌 公車站片町站步行7分鐘 🅿 無
片町 ▶MAP P.8 C-3

詳盡地介紹食材和醬汁的服務很貼心。

不想告訴別人的私廚餐廳

馬卡龍或烘培點心若先預訂也可以外帶。

從料理、餐具和氣氛都能感受到四季。

以當地陶藝家製作的器皿盛放一道道精美料理，令人陶醉。

甜點也是藝術品！

充分發揮食材原味口感、香氣的料理

空間以北歐風格的侘寂為意象。

C 以日本料理的精神入菜
感受季節的法式懷石料理

tawara
タワラ

曾在金澤、法國、京都精進手藝的主廚以在地產地消的食材製作法式料理。少量多道的套餐蘊含日式料理的巧思，令客人著迷不已。午餐6400日圓起。

🏠 金澤市片町2-10-19 Royal Plaza 片町1F ☎ 050-3138-5570 ⏰ 午餐12:00同時開始，晚餐是18:00、19:00兩場制（前一天截止訂位）🈺 週日、一、四、假日的午餐 🚌 公車站片町步行5分鐘 🅿 無
片町 ▶MAP P.8 B-2

到金澤旅行不能忽略法式料理。老饕也讚不絕口的金澤法式料理，各個實力堅強！ 43

EAT
11

氣氛絕佳

到日式咖啡館小憩片刻

自古茶湯文化興盛的金澤有多家歷史悠久的和菓子店！
近年來，能品嘗正統日式甜點的摩登咖啡館也與日俱增。

輕鬆享受
老店的用心

加賀研磨宇治抹茶
670日圓

添加口感滑順的蕨餅和
鮮奶油。

師傅的手藝帶著走

和菓子村上 長町店
かふぇ ムラカミ ながまちてん

明治44年（1911）創業的和菓子老店。販售蕨餅和飲料
等，堅持供應各種現做的和洋合璧甜點。

🏠 金澤市長町2-3-32 ☎ 076-264-
4223 🕐 10:00～16:30（週六、日、
假日～17:00）🈺 不定 🚌 公車站
香林坊站步行6分鐘 🚗 無

長町武家屋敷 ▶MAP P.8 B-1　→P.109

高雅甜味受青睞的
琥珀糖「割冰」，
5個1512日圓。

推薦
伴手禮

包著軟糕和豆沙館的袱
紗餅，5個1485日圓。

草莓大福
540日圓

可外帶。白豆沙採用北海道產的
大手亡豆。

來買美麗的水果大福

菓舗
Kazu Nakashima
かほ カズ ナカシマ

創立於明治14年（1881）的「中島」發起的
新事業。招牌商品是美麗的水果大福。包裹
著爽口白豆沙和多汁水果的大福，可搭配在
地釀酒或葡萄酒一起享用。

🏠 金澤市東山1-7-6 ☎ 076-252-5280
🕐 10:00～18:00 🈺 週四 🚌 公車站橋
場町站步行3分鐘 🚗 無

東茶屋街 ▶MAP P.5 E-2

整顆蜜柑大福
1080日圓

以西洋食材點綴華麗繽紛的日式甜點

推薦
伴手禮

色彩繽紛的「虹
色之月」，8片
裝1404日圓。

以兼六園的六勝
命名的「六」，
648日圓。

大顆的大納言
紅豆份量多。

眺望庭園邊享用的
幸福午茶時光

好多有品味的日式點心

茶菓工房太郎 鬼川店
さかこうぼうたろう おにかわてん

嘗試組合嶄新的食材，開發新潮時尚的包裝，不斷推出新
型態日式點心的和菓子店。隔壁就是武家屋敷遺跡野村村
家，可眺望美麗的庭園同時享用甜點。

🏠 金澤市長町1-3-32 ☎076-223-2838 🕐 8:45～17:30
🈺 全年無休 🚌 公車站香林坊站步行6分鐘 🚗 6台

長町武家屋敷 ▶MAP P.8 B-1　→P.53、109

白玉紅豆 栗一粒
800日圓

推薦
伴手禮

大小剛好一份的
「太郎」的羊羹，
324日圓。

EAT

海鮮丼

壽司

近江町市場

加賀料理

當地美食

早餐

金澤法式料理

下午茶&甜點

裡面滿滿是店家自豪的紅豆餡。6～9月限定。

宇治金時刨冰
880日圓

在歷史悠久的和菓子店享用季節的甜點

落雁名店設立的茶房

西茶屋菓寮 味和以
にしちゃやかりょう あじわい

嘉永2年（1849）創立的和菓子老舖「諸江屋」開設的茶房。可眺望著維護美麗的庭園，品嘗以能登大納言紅豆等嚴選食材做成的甜點。

🏠 金澤市野町2-26-1 ☎ 076-244-2424 🕙 10:00～18:00 🈵 週二（週假日營業） 🚌 公車站廣小路站步行5分鐘 🅿 8台

西茶屋街 ▶MAP P.8 A-3
→P.107

推薦伴手禮

精緻3層櫃包裝的「侘」，1080日圓。

落雁少見的巧克力口味「La・KuGaN」，540日圓。

外觀風雅的甜點店

金鍔 中田屋 東山茶屋街店（甘味處 和味）
きんつば なかたや
ひがしやまちゃやがいてん（かんみどころ わみ）

創始於昭和9年（1934）的名店「中田屋」開設的茶館。販售奢華選用能登大納言紅豆的金鍔餅，還有紅豆起司蛋糕、甜塔等西式甜點。

🏠 金澤市東山1-5-9 ☎ 076-254-1200
🕙 9:00～17:00（最後點餐16:00） 🈵 全年無休 🚌 公車站橋場町站步行3分鐘 🅿 無

東茶屋街 ▶MAP P.5 E-2 →P.51

以豆類製作多款甜點

推薦伴手禮

招牌的金5個裝972日圓，必買。

甜塔
495日圓

口感濕潤的抹茶甜塔撒上4種豆子。

使用在地食材製作的布丁大受歡迎

東茶屋街 金澤布丁本舖
ひがしちゃやがい かなざわぷりんほんぽ

販售以能登鹽、加賀棒茶等金澤傳統食材做成的布丁。選用奧能登產的鮮乳精心製作的布丁口感綿密滑順。布丁霜淇淋也是高人氣。

🏠 金澤市東山1-13-10 ☎ 076-225-7749 🕙 10:00～最後點餐16:30 🈵 週二 🚌 公車站橋場町站步行5分鐘 🅿 無

東茶屋街 ▶MAP P.5 F-2 →P.48

加入日式情懷的滑順布丁

底下是質地較硬的布丁，再放上布丁霜淇淋和各種配料。

推薦伴手禮

金澤布丁，1個480日圓起。

布丁百匯
1000日圓

好想拍美照！
到網美甜點店打卡 ♡

引領潮流的網紅也關注的美麗甜點！
享受只有這裡才吃得到的甜點，度過幸福時刻……

純白的店內以花葉裝飾的美麗牆面映入眼簾。

女生會心動
滿溢而出的聖代愛。

好、好可愛…♥

這是DORUMIRU的人氣聖代！

拍美照POINT
不只好好欣賞剛做好的聖代，也要關注其製作過程！

太可愛了，教人捨不得吃！

焦糖香蕉與焙茶的聖代
※全年販售，照片為示意圖
1780日圓

細心剝好的香蕉撒上砂糖，再加熱成焦糖後更顯溫和甜味。

像藝術品般精緻美麗的聖代
DORUMIRU金澤店
ドルミールかなざわてん

以小小犒賞自己的華麗聖代聞名的人氣店家。使用大量當季水果，品嘗聖代的過程中，「味道」、「溫度」、「口感」會逐漸變化，從側面看也有如藝術品般美麗！

點餐後，師傅才一個一個精心製作聖代。

🏠 金澤市廣岡1-5-3 CROSSGATE金澤1F ☎ 076-255-2113 🕐 11:00～18:00 🈺 週一 🚃 金澤車站步行2分鐘 🅿 無

金澤車站周邊 ▶ MAP P.3 D-1

草莓與桃子的聖代
※季節限定
2300日圓

杏仁豆腐、起司蛋糕、白桃冰沙與乳酪奶油的百匯。

草莓滿出聖代
1480日圓

這麼多草莓的視覺衝擊大！
從任何角度看都無懈可擊。

美麗的裝飾使人陶醉

LIFE IS SWEET
ライフ イズ スイート

甜點師傅做出如藝術品般的聖代，在社群媒體引發話題，很多粉絲每季都來報到。

🏠 金澤市窪5-571　☎076-209-6678
🕙11:00～19:00　🔄週一　🚃公車站錦丘高校前站步行3分鐘　🚗13台
`金澤市郊外` ▶MAP P.9 E-3

拍美照POINT
草莓裝進訂製玻璃杯的橫切面也很上相。

雲與太陽
530日圓

可愛雲朵造型的百香果與生乳酪慕斯。

Bijou
550日圓

美如寶石切割面，內含桃子果肉的生乳酪蛋糕。

Laila
530日圓

淡淡粉紅色觸動少女心的泰莓慕斯。

和菓子店製作的奢華聖代

甘 Cafe Kan
カフェ かん

紅豆餡廣受好評的「越山甘清堂」成立的茶館，為傳統的和菓子點心加入嶄新品味。

🏠 金澤市尾張町2-11-29　☎076-255-1578　🕙10:30～18:00　🔄週三
🚃公車站尾張町站步行2分鐘　🚗5台
`近江町市場周邊` ▶MAP P.5 D-2

拍美照POINT
和菓子店才有的傳統職人手藝好美！

發酵紅豆的蜜豆冰
1000日圓

寒天也堅持自製，默默擄獲眾多粉絲。

珠手箱
1800日圓

從傳統糕點到創意點心，玉手箱裝滿了時令的和菓子。

抹茶控會愛！

熱愛抹茶的第七代老闆製作的開心果濃厚抹茶聖代
1500日圓

嚴選抹茶奶油、脆穀片與開心果的和洋合璧甜點！

在充滿開闊感的店裡感受光、微風與綠意。

水果迷看過來！
蔬果老店推出極品甜點

Patisserie & Parlor Horita 205
パティスリーアンドパーラー ホリタ ニーマルゴ

金澤的蔬果老店「堀他」策畫的甜品店。大量使用當季水果做成的甜點有如美術品。每季更換菜單，去幾次都不膩。

🏠 金澤市野田2-202　☎076-255-7453
🕙9:00～18:00（最後點餐17:30）
🔄週三（有臨時店休）　🚃公車站野田站步行6分鐘　🚗35台
`金澤市郊外` ▶MAP P.9 F-3

拍美照POINT
專家管控新鮮水果的最佳熟度，口味、外觀皆上品！

特製甜王草莓蛋糕
4600日圓起

選用大量大顆甜王草莓製成的蛋糕總是搶購一空。

Eclipse
1980日圓

選用香氣馥郁的高級網紋哈密瓜，搭配自製茉莉花茶冰淇淋、莓果冰的聖代。

右側縱向標籤：
EAT
海鮮丼
壽司
近江町市場
加賀料理
當地美食
早餐
金澤法式料理
下午茶&甜點

感受占日本總產量98%以上的金澤金箔！
奢華的金箔甜點

金澤才有以金箔點綴的個性派視覺系甜點。
外觀不用說，口味也是一級棒！

閃閃
亮亮！

嚴選食材的布丁專賣店
東茶屋街金澤布丁本舖
ひがしちゃやがいかなざわぷりんほんぽ

使用奧能登的現搾鮮乳，堅持製作出
「滑順、軟嫩、濃醇」的布丁專賣
店。也有販售加賀棒茶、能登鹽口味
的瓶裝布丁，推薦可作伴手禮。

🏠 金澤市東山1-13-10　☎ 076-225-7749
🕙 10:00～最後點餐16:00　🈺 週二
🚌 公車站橋場町站步行5分鐘　🚗 無
東茶屋街　▶MAP P.5 F-2
→P.45

→P.45

theSAK布丁　一二〇〇日圓

日本清酒「加賀鳶」的
雅致辣口感與布丁很對
味！撒上細緻金箔的華
麗外觀也很吸睛。

特製布丁放上
布丁冰淇淋、
軟嫩蕨餅的聖
代。

布丁百匯　一〇〇〇日圓

華麗的
Point

懷華樓名產 黃金葛粉　一九〇〇日圓

奢華
Point

彈牙的白玉湯圓豆沙
藏在金箔底下！

金箔閃耀 霜淇淋　八九一日圓

奢華
Point

超豪華
霜淇淋！

金箔霜淇淋的創始店！
箔一 東山店
はくいち ひがしやまてん

撒上金箔之後，再奢侈放
上一片10cm方形金箔的閃
亮豪華霜淇淋。到金澤觀
光必吃的甜點。

🏠 金澤市東山1-15-4　☎ 076-
253-0891　🕘 9:00～18:00（茶
館營業～17:00）　🈺 全年無休
🚌 公車站橋場町站步行4分鐘
🚗 無
東茶屋街　▶MAP P.5 F-2

金箔霜淇淋的始祖！
上傳社群網站絕對超吸睛！

沒看過這種
葛粉！

在茶屋品嘗黃金甜點
懷華樓
かいかろう

至今仍婉拒初次上門的新客，白
天開放參觀「一客一亭」的日式
包廂。不可錯過以金箔點綴的奢
華甜點。

🏠 金澤市東山1-14-8　☎ 076-253-
0591　🕙 10:00～17:00　🈺 週三（須
先確認營業日）　🚌 公車站橋場町站
步行5分鐘　🚗 無
東茶屋街　▶MAP P.5 F-2
→P.96

→P.96

EAT

海鮮丼

壽司

近江町市場

加賀料理

當地美食

早餐

金澤法式料理

下午茶&甜點

甜點迷
快受不了！

奢華
Point

金的米粉鬆餅
三四〇〇日圓

在軟綿綿的鬆餅擠上滿滿五郎島金時豆的奶油，再放金箔裝飾！

二三味極黃金咖啡
二八〇〇日圓

香醇且留一絲甘甜後韻的見城亭特調咖啡。

嚴選黃金抹茶聖代
二四〇〇日圓

奢華
Point

金澤的金箔鬆餅
Cafe Tamon
カフェ たもん
口感溫潤的米鬆餅很受歡迎的人氣店。吉利金箔裝飾的「金的米粉鬆餅」內有和菓子名店「板屋」的特製豆沙、加賀棒茶口味的奶油為餡料，以金澤特有食材製成自豪的甜點。
🏠 金澤市東山1-27-7　☎ 076-255-0370　🕘 9:00～17:00　🈺 全年無休　🚍 公車站橋場町站步行5分鐘　🚗 無
東茶屋街 ▶MAP P.5 F-2
→P.95

使用金箔的華麗點心！
兼六園茶屋 見城亭
けんろくえんちゃや けんじょうてい
由知名建築師隈研吾重新改造成洗鍊的空間。可眺望金澤城公園，享用特製的甜點。
🏠 金澤市兼六町1-19　☎ 076-222-1600　🕘 10:00～16:30　🈺 週三（須先確認營業日）　🚍 公車站兼六園下站步行隨到　🚗 無
兼六園周邊 ▶MAP P.7 D-1

使用老店「野田屋茶店」的抹茶製成黃金聖代。

這樣的改變！

金箔羊羹
一個五〇七日圓

收到會嚇一跳！

透明果凍和羊羹之間夾著金箔的暢銷商品。

貼上一整張金澤金箔的蜂蜜蛋糕。

充滿玩心！

黃金蜂蜜蛋糕 野遊兔
一六二〇日圓 ※ 4、5月限定

奢侈使用金箔的絢爛豪華羊羹
菓匠 松井
かしょう まつい
大正15年創立的和菓子老店，以傳統工藝品為主題創作糕點。閃亮炫目的金箔羊羹是非常受歡迎的伴手禮！
🏠 金澤市此花町9-16　☎ 076-221-1971　🕘 10:00～17:00　🈺 週二　🚍 JR金澤車站步行5分鐘　🚗 2台
金澤車站周邊 ▶MAP P.3 D-1

巧克力豆和造型年輪蛋糕的人氣品
豆屋 金澤萬久
まめや かなざわばんきゅう
主要使用日本產的有機黃豆和金澤、能登的食材，堅持以獨到工法製作的點心大獲好評。經壓模成形的蜂蜜蛋糕和年輪蛋糕等特殊商品也備受矚目。
🏠 金澤市木之新保町1-1金澤百番街Anto 1F　☎ 076-260-1080　🕘 8:30～20:00　🈺 以設施公休日為準　🚍 JR金澤車站內　🚗 無
金澤車站周邊 ▶MAP P.3 D-1

忍不住全買了！
令人怦然心動的視覺系甜點！

讓人看得目不轉睛的可愛甜點，沒想到吃一口就停不下來。
金澤有許多好吃又好看的甜點！

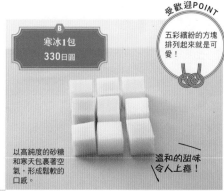

不會太甜，好吃！

受歡迎POINT

五彩繽紛的方塊
排列起來就是可
愛！

B
寒冰1包
330日圓

受歡迎POINT

外觀以加賀八幡
不倒翁為造型，
太萌了♥

A
加賀八幡不倒翁最中（7個裝）
1350日圓

裡面滿滿北海道紅豆製成
的豆沙餡！

以高純度的砂糖
和寒天包裹著空
氣，形成鬆軟的
口感。

溫和的甜味
令人上癮！

受歡迎POINT

除了風味絕佳的
紅豆餡，也隨季
節供應艾草餡或
櫻花餡。

C
不倒翁的最中箱（紅豆餡）
1400日圓

可在酥脆的最中
餅裝進自己喜歡
的餡料。

受歡迎POINT

以動物或花草為
造型的透明外觀
太可愛！

D
Kaichin小盒
2268日圓

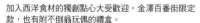

「Kaichin」是
金澤方言「彈
珠」的意思。

Ⓐ 味道好、賣相佳、又吉利！
金澤 浦田
かなざわ うらた

加入西洋食材的獨創點心大受歡迎。金澤百番街限定
款，也有附不倒翁玩偶的禮盒。

🏠 金澤市泉野町4-8-21　☎ 076-245-1188　🕘 9:00～
18:00（週日～17:00）　㊡ 週三　🚉 公車站泉野4丁目站
步行3分鐘　🚗4台
金澤市郊外 ▶MAP P.9 E-3

Ⓑ 和菓子老店「吉橋」的支線品牌！
豆半
まめはん

「豆半」是專賣茶席糕點的老店「吉橋」第三代店主策
畫的新品牌，販售許多充滿玩心的甜點。

🏠 金澤市東山2-2-2　☎ 076-252-2634　🕘 9:00～18:00
㊡ 週日、一、假日的下午　🚉 公車站東山站步行2分鐘
🚗2台
東茶屋街 ▶MAP P.5 F-2

Ⓒ 好多無麩質點心！
甘味拵 塩谷
あまみこしらえ しおや

使用100%純米粉的無麩質點心，也製作豆沙和果醬。
每週開放2天「窗口的Shioya」！

🏠 金澤市增泉2-22-24　☎ 076-207-7804　🕘 11:00～
18:00　㊡ 週二～六　🚉 公車站中村町站步行3分鐘
🚗2台
金澤市郊外 ▶MAP P.9 E-2

Ⓓ 為傳統增添新創意的甜點
石川屋本舖 Anto店
いしかわやほんぽ あんとてん

販售外層沙沙口感、裡面黏稠的寒天糖。海洋生物造型
的寒天糖與金平糖雙拼的禮盒「水族館」很受歡迎。

🏠 金澤市木之新保町1-1金澤百番街Anto內　☎ 076-260-
3768　🕘 8:30～20:00　㊡ 以設施公休日為準　🚉 JR金澤
車站內　🚗無
金澤車站周邊 ▶MAP P.3 D-1

只接受預訂的精緻上生菓子

吉橋菓子店
よしはしかしてん

「吉橋」的上生菓子（豆泥糕點）在金澤茶席上的愛用糕點。水潤的餡料結合師傅絕美的手藝，即使必須先預訂也不減買氣。

受歡迎POINT

師傅精心塑造出有季節感的外型，令人目不轉睛！

以流暢的手勢完成造型。

♠ 金澤市東山2-2-2 ☎ 076-252-2634 ⏰ 9:00～18:00 ⑭ 週日、一、假日的下午 🚌 公車站東山站步行2分鐘 🚗 2台
`東茶屋街` ▶ MAP P.5 F-2

上生菓子
324日圓起

不會太甜，順口的滋味。

※上生菓子於前一天15:00截止預訂。

受歡迎POINT

滑順的大顆紅豆泥讓人食指大動！

紅豆十色
1620日圓

使用能登大納言紅豆製作，搭配五彩繽紛的最中一起販售。

手工製作的最中由自己裝入餡料好好玩，吃法也隨你喜好！

聲名遠播的金鍔餅名店！

金鍔 中田屋 東山茶屋街店
きんつば なかたや ひがしやまちゃやがいてん

金鍔餅外頭一層薄糖包裹著師傅熬煮的滑順豆沙餡，以及自己夾餡料吃的手工最中很受歡迎。

♠ 金澤市東山1-5-9 ☎ 076-254-1200 ⏰ 9:00～17:00 ⑭ 全年無休 🚌 公車站橋場町站步行3分鐘 🚗 無
`東茶屋街` ▶ MAP P.5 E-2　→P.45

受歡迎POINT

圖案取材自日本畫家的繪畫，太美麗了。

金澤巡禮
1080日圓

高人氣的「團扇煎餅」與各式繽紛糕點的禮盒。

充滿季節感的組合商品。

手工描繪的煎餅大受歡迎！

加藤皓陽堂 本店
かとうこうようどうほんてん

充滿城下町風情的雅致甜點大獲好評。千萬別錯過畫有花鳥風月圖案的「團扇煎餅」！

♠ 金澤市諸江町中丁334-1 ☎ 076-204-9413 ⏰ 9:00～17:00 ⑭ 週一～四 🚌 JR從金澤車站開車約10分鐘 🚗 2台
`金澤車站周邊` ▶ MAP P.9 E-2

受歡迎POINT

美麗的淡黃色菊花煎餅是賞心悅目的茶點！

添加微苦巧克力的落雁

La・Kugan（可可風味）486日圓

菊花煎餅
864日圓

菊花形狀的煎餅上了薑糖，口味清爽。

堅持古法製作的落雁老店

落雁諸江屋西茶屋街菓寮
らくがんもろえやにしちゃやかりょう

創始於江戶末年的落雁老店。守護著傳承好幾代的製法，做出廣受現代人喜愛的商品。

♠ 金澤市野町2-26-1 ☎ 076-244-2424 ⏰ 10:00～17:00 ⑭ 週二（遇假日營業） 🚌 公車站廣小路步行3分鐘 🚗 8台
`西茶屋街` ▶ MAP P.8 A-3

視覺系萌點心
看包裝就想買的可愛伴手禮

金澤伴手禮的顏值都很高。連包裝的細節都處處講究，讓人光看就覺得好幸福。
挑個伴手禮，給收到的人一個驚喜吧！

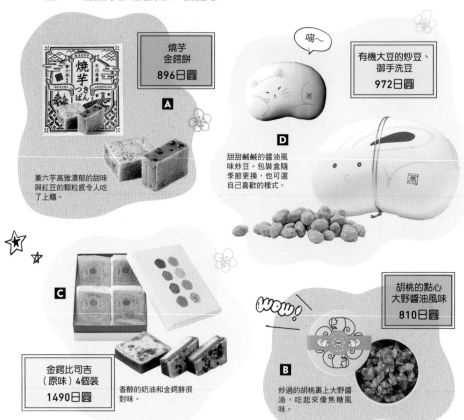

燒芋
金鍔餅
896日圓

A

兼六芋高雅濃郁的甜味
與紅豆的顆粒感令人吃
了上癮。

喵～

有機大豆的炒豆、
御手洗豆
972日圓

D

甜甜鹹鹹的醬油風
味炒豆。包裝盒隨
季節更換，也可選
自己喜歡的樣式。

C

金鍔比司吉
（原味）4個裝
1490日圓

香醇的奶油和金鍔餅很
對味。

wow!

胡桃的點心
大野醬油風味
810日圓

B

炒過的胡桃裹上大野醬
油，吃起來像焦糖風
味。

A 好多時髦的甜點
金澤東山・百番屋
かなざわひがしやま・
ひゃくばんや

販售濃濃金澤風味的可愛甜
點。使用品牌蕃薯「兼六
芋」製成的燒芋金鍔餅，復
古的包裝也值得品味。

🏠金澤市東山3-3-35
☎076-254-6181　🕙10:00～
17:00　㉡不定　🚌公車站站
場町站步行3分鐘　🅿無
東茶屋街　▶MAP P.5 E-2
→P.103

B 買石川和北陸的名產就到這裡
胡桃的點心
金澤百番街Anto店
クルミのおやつかなざわひゃ
くばんがいあんとてん

2021年3月起進駐重新整修
開幕的金澤車站。佃煮店的
手藝以大野醬油炒製的「胡
桃的點心」也是包裝可愛的
人氣商品。

🏠金澤市木之新保町1-1
☎076-208-3328（代表號）
🕙8:30～20:00　㉡不定
🚉JR金澤車站內　🅿無
金澤車站周邊　▶MAP P.3 D-1

C 使用日式食材的西洋甜點
Le cotentin金澤
ル・コタンタンかなざわ

招牌商品是和菓子老店的師
傅以豆沙、抹茶等日式食材
製作的比司吉。特別選用法
國的發酵奶油，更增甜點香
氣。

🏠金澤市木之新保町1-1
金澤百番街Anto 1F
☎076-208-4077　🕙8:30～
20:00　㉡全年無休　🚉JR金
澤車站內　🅿無
金澤車站周邊　▶MAP P.3 D-1

D 推出新形態的豆類甜點
豆屋金澤萬久
金澤 MZA店
まめやかなざわばんきゅう
かなざわエムザてん

以有機大豆為主，供應在地
的國產豆炒製或巧克力包裹
的豆類甜點。手繪風格的包
裝盒也非常可愛。

🏠金澤市武藏町15-1
☎076-260-2457　🕙10:00～
19:30　㉡不定　🚌公車站武
藏辻・近江町市場前站隨到
🅿140台
近江町市場周邊　▶MAP P.4 B-2

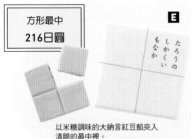

方形最中
216日圓

E

以米糖調味的大納言紅豆餡夾入
清脆的最中裡。

G

倒入熱水後，葛粉
湯就會浮現出童話
故事的主角。

童話葛粉湯
1個
173日圓

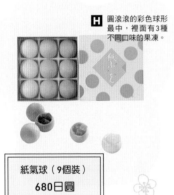

E

太郎的羊羹
「可可口味」
324日圓

生巧克力般口感的
時髦羊羹，也適合
配咖啡享用。

F

滋味如濃醇的
豆漿，也推薦
拌入沙拉吃。

大濱大豆
390日圓

H

圓滾滾的彩色球形
最中，裡面有3種
不同口味的果凍。

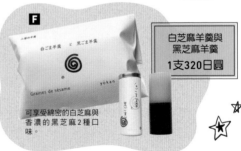

F

白芝麻羊羹與
黑芝麻羊羹
1支320日圓

紙氣球（9個裝）
680日圓

可享受綿密的白芝麻與
香濃的黑芝麻2種口
味。

E 推出新潮的日式甜點

茶菓工房太郎
鬼川店
さかこうぼうたろう おにかわてん

加入現代風設計感的和菓子
很受歡迎。運用巧克力、蘭
姆葡萄等西方食材製作點心
的新意備受青睞。

🏠 金澤市長町1-3-32
☎ 076-223-2838 ⏰ 8:45〜
17:30 🔄 全年無休 🚌 公車
站香林坊站步行6分鐘
🚗 6台

長町武家屋敷

▶MAP P.8 B-1 →P.44、109

F 適合分送親友的經典名產

甘納豆河村
あまなっとうかわむら

位於花街的甘納豆專賣店。
為保留食材原味費工炊煮製
成的甘納豆，不分老少，廣
受各年齡層的喜愛。

🏠 金澤市野町2-24-7
☎ 076-282-7000 ⏰ 9:30〜
18:00（週日、假日〜17:00）
🔄 每月第1個週二
🚌 公車站廣小路站步行3分鐘
🚗 4台

西茶屋街 ▶MAP P.8 A-3

G 創業超過170年的落雁老店

落雁 諸江屋 本店
らくがん もろえや ほんてん

嘉永2年（1849）開業以
來，堅守一貫的製法製作落
雁。守護「加賀寶生」等傳
統點心的同時，也勇於嘗試
新挑戰。

🏠 金澤市野町1-3-59 ☎ 076-
245-2854 ⏰ 9:00〜18:00
🔄 全年無休 🚌 公車站廣小
路站步行3分鐘 🚗 3台

西茶屋街 ▶MAP P.8 A-3

→P.19

H 反映職人品味的新型態和菓子

菓匠 高木屋
かしょうたかぎや

大正14年（1925）創立的
和菓子店。除了最中、紅豆
湯等傳統甜品外，加入西方
元素的嶄新和菓子也具有高
人氣。

🏠 金澤市本多町1-3-9
☎ 076-231-2201
⏰ 9:00〜18:00（週二〜15:00）
🔄 週三
🚌 公車站思案橋站步行3分鐘
🚗 6台

兼六園周邊 ▶MAP P.3 F-3

SHOPPING

日式甜點

食品

雜貨

美妝

器皿

體驗活動

金澤車站

SHOPPING **03**

美饌古都金澤之味
品嘗代代相傳的傳統食品

金澤獨特的氣候與風土孕育的傳統美食仍持續進化中。
從下酒菜、配菜到主食，把會上癮的好滋味帶回家吧！

相傳於美川的
奇蹟發酵食品

只有石川豚才准許製造
的美食。

以米麴醃漬的金澤好味
蕪菁鰤魚壽司

蕪菁之間夾著鰤魚的奢
侈醃物。

米糠醃河豚子
1296日圓

很適合配茶泡飯或當下
酒菜！

魷魚與蔬菜的
美味雙重奏♪

能登野菜封
1296日圓

在彈牙的魷魚裡塞入滿
滿蔬菜！

金澤醃菜
432日圓

以獨創的調味醋
醃漬色彩鮮艷的
蔬菜！

米糠醃鯖魚
1片432日圓

切成薄片炙燒一下再
吃，美味更升級！

3種金城漬盒裝
972日圓

使用加賀麴味噌和加賀
菊酒粕醃漬的醬菜。

以河豚卵巢製作的禁忌美食

荒与
あらよ

自古傳承的傳統發酵食品專賣
店。據說河豚去毒化的原理至今
仍是未解之謎，奇特的珍味「米
糠醃河豚子」，一定要嘗嘗看！

🏠 白川市美川北町ル-61　☎ 076-278-3370　🕘 9:00～
18:00　🈲 週三　🚉 JR美川車站步行5分鐘　🚗 5台

白山市 ▶MAP P.2 A-3

以發酵食品聞名的金澤名店

四十萬谷本舖
しじまやほんぽ

說到金澤的傳統美食就屬蕪菁鰤
魚壽司！肉質厚的鰤魚夾在水嫩
的蕪菁之中，是高檔且有益健康
的金澤食品！

🏠 金澤彌生1-17-28　☎ 076-241-3122　🕘 9:00～18:00
🈲 每月第1個週日　🚌 公車站沼田町站步行5分鐘　🚗 7台

金澤市郊外 ▶MAP P.9 E-2

54

罐頭裡塞滿鱈魚卵。加一大匙到白飯上♪

金澤的常備罐頭
再吃一碗白飯！

♪♪

北陸的鄉土料理「鱈魚之子」罐頭

金澤 福良屋
かなざわ ふくらや

自大正末年開業至今的金澤鄉土料理老店，特製的「鱈魚之子」罐頭在北陸以外的地區是難尋商品，不妨多買幾個！

🏠 金澤市泉3-6-48　☎ 076-242-3810　🕘 9:00～18:00　🈺 週日、假日　🚌 公車站有松站步行4分鐘　🚗 2台
金澤市郊外　▶ MAP P.9 E-3

鱈魚之子罐頭
646日圓

復古的包裝有點可愛！

治部煮罐頭
338日圓

說到金澤的鄉土料理首選這滋味。

鯡魚的甘露煮罐頭
338日圓

既是儲藏食，也是能活用於料理的好食材！

廣受喜愛的竹葉壽司
壽司之鄉石川

好食用又可口，深受喜愛的石川縣之味。

基本口味是鯖魚、鮭魚、帶子鯛！

壽司之鄉金澤的傳統押壽司

芝壽司
しばずし

當地人家在祭祀或喜慶時會準備押壽司。米飯亮澤飽滿好食用，是地方上廣受喜愛的人氣壽司。

🏠 金澤市木之新保町1-1金澤百番街Anto 1F　☎ 076-261-4844　🕘 8:30～20:00　🈺 依設施公休日為準　🚃 JR金澤車站內　🚗 無
金澤車站周邊　▶ MAP P.3 D-1
→P.71

金澤特級竹葉壽司
5個1134日圓

基本款的鯖魚、鮭魚、鯛魚，加上牛肉和炙燒鰤魚的奢華壽司。

帶子鯛三味竹葉壽司
10個1420日圓

天然竹葉清香的押壽司3個裝。

金澤名產佃煮
職人精心製作的

香椿的鮮味很下飯！

傳統職人手法製作的佃煮專賣店

佃的佃煮
つくだのつくだに

堅守釜炊古法滷食材的佃煮店。滷製的杜父魚、胡桃，都有自家的獨門風味，很適合配飯吃！

🏠 金澤市下新町6-18　☎ 076-262-0003　🕘 9:15～18:00　🈺 全年無休　🚌 公車站橋場町站步行2分鐘　🚗 無
主計町茶屋街　▶ MAP P.5 D-2

加賀的白峰（10個裝）
1566日圓

胡桃形狀的最中裡包著煮胡桃，適合當茶點。

極品杜父魚（100g）
1242日圓

後韻佳、不膩口的美味是金澤代表性的味道。

煮胡桃（100g）
1620日圓

高雅的甜味令人上癮，適合當下酒菜或零嘴！

配清酒、葡萄酒、啤酒都合適！

今晚的下酒菜有著落了！

要不要帶些伴手禮回家配喜歡的酒？
從傳統食品到時下熱門的漬物，來找找適合配啤酒、清酒或葡萄酒的下酒菜！

今晚備好冷食
輕鬆小酌一杯吧！

> 金澤主婦愛用的店家。

> 店裡約有40種豐富的冷凍食品！

— 配啤酒 —

肉鋪開設的當紅無添加冷凍食品專賣店！

Frozen Food專門店 nikuo CIRCUS
フローズンフードせんもんてん ニクオサーカス

堅持手工製作的無添加冷凍食品專賣店。販售冷凍餃子等NIKUO原創商品和縣內人氣餐廳的商品約40種，也適合當伴手禮！

🏠 金澤市小橋町3-40 ☎ 076-256-0014 🕚 11:00～18:00 🈺 週日 🚌 公車站小橋町站步行2分鐘 🅿 5台

`東茶屋街` ▶MAP P.5 D-1

小坂蓮藕燒賣…
580日圓
蓮藕爽脆多汁的口感，熱銷第一名！

— 配啤酒 —

從「好浪費」轉生的醬菜

> 種類多多！

找北陸的珍味就來這裡

保存食品專門店STOOCK
ほぞんしょくせんもんてん ストック

主打保存食品，從珍味、醃菜到原創果醬、甜點等，能存放的美味食材應有盡有！可當作新潮又討喜的伴手禮也是一大賣點。

🏠 金澤市廣岡1-5-3 CROSS GATE金澤1F ☎ 076-254-1612 🕙 10:00～20:00 🈺 全年無休 🚶 JR金澤車站步行2分鐘 🚗 無

`金澤車站周邊` ▶MAP P.3 D-1

金澤泡菜…
650日圓～
多種選擇，從標準到不尋常！

細細品嚐金澤的珍味

— 配清酒 —

從種稻到醃漬一手包辦的農家

佛田農產
ぶつたのうさん

使用自家培養的米麴製作米糠醃魚和蕪菁鰤魚壽司等，跨越時代傳承至今的美味讓人一口接一口停不下來。

🏠 金澤市木之新保町1-1金澤百番街Anto 1F ☎ 076-256-0177 🕣 8:30～20:00 🈺 依設施公休日為準 🚶 JR金澤車站內 🚗 無

`金澤車站周邊` ▶MAP P.3D-1

NoKA（9個組）…
4158日圓
農家製作的米糠醃魚推薦給饕客！

> 店裡陳列著許多種類的珍味！

座落幽靜山間的加工肉品店

扎根鄉土的火腿與香腸

肉品店
GALIBIER

シャルキュトリー ガリビエ

以在地生產的食材為主，遵循歐洲傳統製法做出蘊含風土滋味的火腿和香腸。擁有廣大粉絲的白黴香腸等，許多商品都很適合配葡萄酒。

🏠 能美市德山ヤ55-1 ☎ 0761-58-2013 🕙 10:00〜18:00 ⛔ 週二、三 🚗 從小松IC開車約19分鐘 🅿 10台

能美市 ▶MAP P.2A-3

> 一配葡萄酒一

> 除了自製的手工香腸外，還有漢堡排、煙燻鴨肉等許多適合配酒的產品！

> 一次切一點，好好品嘗白黴香腸。

> 彈牙的魚肉沾山葵醬油享用…

> 一配清酒一

> 敗給黏稠綿密的滋味！

> 一配葡萄酒一

用鹽調味的極品炙燒魚肉

金澤名產的經典款！

鰤魚炙燒本舖
逸味 潮屋

ぶりのたたきほんぽ いつみ うしおや

魚肉一塊一塊手工炙燒，以獨特製法做成的「半熟炙燒師魚」是招牌商品，也販售各式北陸海鮮的加工產品、乾貨等珍味，買氣熱絡的人氣店。

🏠 金澤市木之新保町1-1金澤百番街Anto 1F ☎ 076-222-0408 🕙 8:30〜20:00 ⛔ 依設施公休日為準 🚉 JR金澤車站內 🚗 無

金澤車站周邊 ▶MAP P.3 D-1

→P.69、71

> 半熟炙燒鰤魚…
> （每100g）1080日圓
> 濃縮了鰤魚鮮美滋味的珍奇逸品

> 販售各式各樣的北陸珍味！

自古就以在地食材製作乾貨

杉野屋与作

すぎのやよさく

職人以代代相傳的技法製作出烏魚子風味的「能登唐千壽」，是杉野屋与作的獨門逸品！也適合搭配義大利麵一起享用！

🏠 金澤市木之新保町1-1金澤百番街Anto 1F ☎ 076-260-3763 🕙 8:30〜20:00 ⛔ 依設施公休日為準 🚉 JR金澤車站內 🚗 無

金澤車站周邊 ▶MAP P.3 D-1

> 唐千壽（魚卵製品）…
> 880日圓
> 建議切成薄片稍微炙燒一下再吃！

> 商品多樣豐富。

把餐桌上的滋味帶回家
來買發酵大國的調味料！

石川縣自古以來有釀造醬油和醋的發酵文化。
來看深深影響金澤飲食文化且還在進化中的最新調味料！

鹽

使用石川縣食材的食品研究室

FUKURO PROJECT
フクロ プロジェクト

以「把鮮味裝滿袋子」為概念，探索餐桌上的新標竿，推出數款風味特殊的調味料。

🏠 金澤市袋町1-1金澤箱町1F　☎076-225-7600
🕙 10:00～18:00　休 不定　🚌 公車站武藏辻站步行2分鐘　🚗 24台
近江町市場周邊　▶MAP P.4 B-2

鹽
各款702日圓

飯糰鹽、烤肉鹽、櫻花木煙燻鹽等多樣種類，都很吸引人。

吃的味噌
702日圓

有梅子鰹魚、能登牛肉口味等，最適合配蔬菜或白飯！

米麴

甘酒 810日圓

營養豐富的甘酒有滿足心靈的甜味。

鹽糀 648日圓

能襯托食材鮮甜滋味的萬用調味料。

糀　756日圓

石川縣產的越光米以杉木桶燜蒸、石窯製造而成。

傳承190年的米麴店

高木糀商店
たかぎこうじしょうてん

堅守創社以來一脈相傳的製法製造鹽糀和味噌等商品。在平常的料理中，添加一點看看！

🏠 金澤市東山1-9-10
☎ 076-252-7461
🕙 9:00～19:00　休 全年無休　🚌 公車站東山站步行3分鐘　🚗 4台
東茶屋街
▶MAP P.5 F-2

柚子醋

淡淡的柚子清香

能登的柚子醋
756日圓

以香菇醬油為基底的溫和滋味。

沾醬
各540日圓

原創的醬，用法隨自己喜好。

奧能登長久受愛用的釀造店

谷川釀造
たにがわじょうぞう

在能登以「櫻花醬油」家喻戶曉的釀造老店。販售代代相傳的醬油及麴菌原料製成的調味料！

🏠 輪島市釜屋谷町2-1-1
☎ 0768-22-0501
🕙 8:00～17:00　休 週六、日　🚌 公車站釜屋谷站可到　🚗 3台
能登
▶MAP P.10 A-1

味醂

酒莊製造的純正味醂

**三年熟成
純米本味醂 福味醂
1650日圓**

石川縣產的糯米製造的高級正統味醂。

金澤歷史最悠久的酒廠直營店
SAKE SHOP 福光屋
サケ ショップ ふくみつや

福光屋以傳承下來的嚴謹工序誠實釀酒。從釀酒衍生出來的甘酒、酒粕、料理酒等調味料商品也都是正統派。

🏠 金澤市石引2-8-3　☎ 076-223-1117　⏰ 10:00～18:00　🈺 全年無休　🚌 公車站小立野站隨到
🚗 6台
金澤市郊外　▶ MAP P.9 F-2　**→P.63**

醬油・高湯

**香味生醬油Hishiho
572日圓**

世界級三星主廚也愛用的香味醬油。

**魚醬高湯
680日圓**

使用能登傳統發酵調味料的特製高湯。

大野孕育的醬油味噌釀造廠
大和醬油味噌
ヤマトしょうゆみそ

明治44年（1911）營業至今的釀造廠，廠內直營店販售自家掛保證的醬油、味噌和糯米甘酒等多款人氣商品！

🏠 金澤市大野町4-イ170　☎ 076-268-5289
⏰ 10:00～17:00　🈺 週三　🚌 公車站大野站步行3分鐘　🚗 32台
金澤市郊外　▶ MAP P.9 D-1

高雅脫俗的金澤茶文化

石川縣的「加賀棒茶」與金澤金石地區的「金棒茶」，
歡迎來到石川縣在地2種棒茶的深奧世界！

**獻上加賀棒茶
1458日圓**

以熱水快速沖泡25秒，口中就會散發幸福的香氣。

昭和天皇也品味過的茗茶
丸八製茶場
まるはちせいちゃじょう

為獻給昭和天皇，不斷經歷改良的棒茶，如今已是石川縣的代表茗茶。可享受奢侈的香味與甘甜的餘韻。

**獻上加賀棒茶
三角茶包型
756日圓**

可輕鬆沖泡的茶包適合當伴手禮或禮物。

🏠 金澤市木之新保町1-1金澤百番街 Anto 1F　☎ 076-222-6950　⏰ 8:30～20:00　🈺 依設施公休日為準　🚌 JR金澤車站內　🚗 無
金澤車站周邊　▶ MAP P.3 D-1

**SHUN
6個組
4300日圓**

採用前所未有的炒焙法製出獨創的棒茶。

清爽的品茶滋味
Ten riverside
テン リバーサイド

可品嘗以虹吸式沖泡自家炒焙金棒茶的當紅茶館。望著河面風光，喝著金棒茶，心靈也得到片刻舒緩。

🏠 金澤市金石西1-14　☎ 076-213-5117
⏰ 11:00～最後點餐16:30　🈺 週三、四　🚌 公車站金石站步行5分鐘　🚗 7台
金澤市郊外　▶ MAP P.9 D-1　**→P.119**

送給自己的伴手禮

華麗的日式雜貨讓人心動！

祈求幸福的加賀手毬、細緻美麗的加賀友禪布等，
讓人忍不住心動的日式雜貨就當成送給自己的伴手禮吧。精緻華美的小物，每個都想帶回家！

造型是
八幡小姐

• 8250日圓起

加賀頂針器

• 16500日圓

加賀八幡不倒翁

耳夾
• 8250日圓

• 6270日圓
髮簪

頂針器別針
• 5775日圓

從前嫁女兒時為祈求幸
福當作嫁妝的工藝品，
現在也可作為裝飾品。

全日本少見的手毬專賣店

加賀手毬 毬屋
かがてまりまりや

製作、販售加賀手毬的店
家。以傳統技法製作的手工
藝品有加賀手毬、戒指、飾
品等，種類豐富。

🏠 金澤市南町5-7　☎ 076-231-
7660　🕐 9:30～18:00　🈲 週
二、三　🚌 公車站南町・尾山神
社站隨到　🚗 無
兼六園周邊　▶MAP P.6 A-1

小裁縫組
• 2970日圓

用來刺繡的縫針，相傳
由加賀藩主賜名為「目
細針」。

傳統工藝不可或缺的針
帶來新藝術

孔雀耳環
• 5060日圓

專營加賀毛針超過440年

目細八郎兵衛商店
めぼそはちろうべいしょうてん

1575年（天正3）創業的針專賣
店。運用毛針技術製作的周邊商品
也很受歡迎。

🏠 金澤市安江町11-35　☎ 076-231-
6371　🕐 9:30～17:30　🈲 週二　🚌 公
車站武藏辻・近江町市場站步行2分鐘
🚗 2台
近江町市場周邊　▶MAP P.4 B-2

新手目細針組
• 800日圓

加賀野菜待針
• 1100日圓

✳ What is

目細針

主要用於加賀刺繡，
為傳統工藝與地方產
業愛用的針具。特點
是容易穿線、有彈性
好使用，仰賴職人的
技術打造。

加賀友禪

以稱為「五彩」的胭脂、藍、土黃、草綠、古代紫為色彩基調的布料。特徵是寫實的花草圖案。

加賀友禪髮圈
●660日圓起

獨一無二 手繪的美麗

加賀友禪隨行杯
●各3500日圓

方巾
●5500日圓起

●2200日圓

●1100日圓

加賀友禪 蠶絲 縮口袋

加賀友禪 蠶絲口金包

古宅裡的加賀友禪藝廊

久連波
くれは

開在東茶屋街上的店，展售飾品、小物等華美的加賀友禪商品。內部也有喝茶空間。

🏠 金澤市東山1-24-3 ☎ 076-253-9080 🕙10:00～18:00
🈺 週三 🚌 公車站橋場町站步行5分鐘 🅿 無
東茶屋街 ▶MAP P.5 F-2

町家藝廊展出 職人技藝的雜貨

如金澤表參道的地標

collabon
コラボン

活化歷史悠久的古屋成為藝廊，有豐富的作家作品和職人匠心製作的雜貨，也推薦在此品茶。

🏠 金澤市安江町1-14 ☎ 076-265-6273 🕙11:00～18:00 🈺 週二、四
🚌 公車站武藏辻・近江町市場站即到
🅿 無
近江町市場周邊 ▶MAP P.4 B-2

別針 花草環
●7700日圓

公杯
●2200日圓

拖盤
●4620日圓

杯子
●各2310日圓

別針 法國號
●7150日圓

手工藝

古董老件、手工藝、北歐產品…個性豐富的商品齊聚一堂，挑個自己喜歡的物品吧！

朦朧之月鉢（淺鉢）10寸
●15400日圓

接觸金箔、學習金箔、買金箔

箔一本店 箔巧館
はくいちほんてん はくこうかん

蒐羅各式各樣的金箔產品，是全方位體驗金箔的綜合博物館。

🏠 金澤市森戶2-1-1 ☎ 076-240-8911
🕙 9:00～18:00（咖啡館、體驗活動～17:00）、冬季～17:00 🈺 全年無休
🚌 公車站新金澤郵便局前站步行10分鐘 🅿 20台
金澤市郊外 ▶MAP P.9 D-2

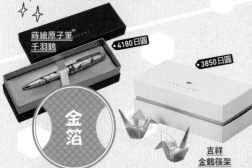

蒔繪原子筆 千羽鶴
●4180日圓

●3850日圓

金箔

金澤占了全日本98%以上的金箔產量，不光是工藝品，連食品、化妝品等都廣泛運用到金箔。

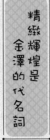

精緻輝煌是金澤的代名詞

吉祥 金鶴筷架

使用就能提升女子力！
金澤美人的祕密在
保養品！

金澤特有的保養品誕生自金箔工廠與酒莊。
美女之都特有的商品，務必參考看看。

金箔美妝品
金箔具高保濕力，能讓
肌膚保持水潤有彈性。

優於保濕並賦予彈力
添加「黃金」的當地美妝品

金箔化妝品專門店 KINKA
きんぱくけしょうひんせんもんてん きんか

首創以金箔打紙製法生產吸收面紙
的「箔一」成立的金箔化妝品專賣
店。專業的工作人員會針對肌膚問
題提供建議。

🏠 金澤市東山町1-13-5 ☎ 076-252-
0891 🕘 9:00～18:00（冬季～17:00）
🈺 週四 🚌 公車站橋場町站步行5分鐘
🚗 無
東茶屋街 ▶ MAP P.5 F-2

金華Gold
奈米化粧水N
3850日圓

回購者眾多
的商品！

金華Gold
保濕乳霜N
3850日圓

奈米精華液N
4950日圓

也有販售給新客試用的
套組！

金華Gold
洗手乳
1980日圓

加入閃亮亮金箔的洗手
乳讓每天洗手更美麗！

大受歡迎
的伴手禮！

金華Gold
護唇膏
2200日圓

備受憧憬的彈力美唇。

瞬間吸收力高的
吸油面紙是補妝
的必備品。

從提高「美女心情」的化妝品到美人茶

茶屋美人
ちゃやびじん

「箔座」策畫蒐集各種美的商店。如添加金箔
的身體乳霜等，勾動女人心的商品眾多！

🏠 金澤市東山1-26-17 ☎ 076-
253-8883 🕘 9:30～18:00（冬
季～17:30）🈺 全年無休 🚌 公
車站橋場町站步行5分鐘 🚗 無
東茶屋街 ▶ MAP P.5 F-2

CHAYA cosme
眼影金箔
2420日圓

添加金箔的眼影顯出高
雅光輝。

**金箔美妝品
受歡迎的原因**

黃金因不會生鏽，視為美麗、
長生不老的象徵，而運用在美
容與保健。黃金成分對肌膚的
滲透力高，具備抗氧化的特
性，今日才會有這麼多金箔美
妝品。

CHAYA cosme
身體保濕乳霜
1650日圓

添加玻尿酸和金
箔，讓肌膚水潤
保濕。

天然素材美妝品

製造金箔用的柿子葉和黃豆也有優秀的美肌效果！

從金箔店的工廠誕生

MAKANAI
まかない

金箔老店成立的品牌，美妝保養品添加了製造金箔使用的「和式精華」，溫和親膚，很受歡迎。

🏠 金澤市木之新保町1-1金澤百番街Rinto ☎ 076-201-8400 ⏰ 10:00～20:00 🗓 以設施公休日為準 🚉 JR金澤車站內 🚗 無
`金澤車站周邊` MAP P.3 D-1

的包裝
金澤限定

金澤限定絕妙配方護手霜
1980日圓

香味帶有金澤的華美與氣氛，令人心情飛揚。

純粹蒟蒻海綿（竹炭）
1100日圓

蒟蒻材質的海綿添加竹炭，強力清除毛孔污垢。

洗淨美容米糠面膜（綠茶・木莓）
各506日圓

使用月式美肌成分的沖洗型面膜。溶解的米糠水可用來洗臉或沖澡。

酒莊美妝品

富含胺基酸等的日本清酒也有很高的保濕與美肌效果！

稻米發酵液FRS
為基底的系列化妝品

SAKE SHOP 福光屋
サケショップ ふくみつや

運用長年培養的發酵米技術研發出一系列自然派基礎美妝品，富含高保濕的「米發酵液」，也適合送禮！

🏠 金澤市石引2-8-3 ☎ 076-223-1117 ⏰ 10:00～18:00 🗓 全年無休 🚌 公車站小立野站隨到
🚗 6台 `金澤市郊外` ▶ MAP P.9 F-2 → P.59

富含天然美容液的「米發酵液FRS-01」！

日本酒酵母精華

米研究所
日本清酒酵母精華
3300日圓

從300種酵母選出美容效果最佳的「FT15」萃取精華液。

AMINO RICE系列
3300日圓起

提升肌膚潤澤度的「自然保濕化妝水」是人氣商品。

◇ 美肌效果超群的「金光閃閃的黃金面膜」初體驗！ ◇

其他推薦商品！

金箔店製作的奢華保養品

金箔屋作田 町屋店
きんぱくやさくだ まちやてん

說到令人吃驚的金澤名產，首推24K金的奢華面膜。黃金帶來的視覺效果也很震撼！

🏠 金澤市東山1-5-7 ☎ 076-208-4289 ⏰ 9:00～18:00 🗓 全年無休 🚌 公車站橋場町站步行5分鐘 🚗 可利用本店停車場
`東茶屋街` ▶ MAP P.5 E-2

Bireihi臉部基礎化妝水
2970日圓

在家享受金箔美容的氣氛

體驗24K金箔面膜美容！

敷完金箔面膜後，按摩一下臉部，讓美容成分變成微粒子滲透進肌膚！隔天肌膚就會像吸飽水一樣，水嫩彈潤！

輝美肌敷臉面膜
6160日圓

好想擁有一個♡

被九谷燒．漆器擄獲了芳心

不使用紅色的「青手」、以紅色細線繪圖再施以金彩的「赤繪」，
畫風多樣的九谷燒和設計簡約的生活漆器。你喜歡哪一種？

鮮豔的色彩與大膽的繪圖♪

櫻文（金）馬上玻璃杯九谷和式玻璃杯
5390日圓

可優雅啜飲清酒，或當高腳杯使用。

手毬茶杯
各1650日圓

畫有可愛手毬的茶杯。

設計新潮的原創筷架。

可愛的12月份招財貓
2200日圓

從販售商品到餐廳！

九谷燒窯元 鏑木商舖

くたにやきかまもと かぶらきしょうほ

創始於文政5年（1822），從九谷燒的工廠，到設立藝廊、以九谷燒餐具供應料理的餐廳，提供多元的賞玩方式！

🏠金澤市長町1-3-16 ☎076-221-6666
🕘9:00～22:00（週日、一、假日～18:00）㊡不定 🚌公車站香林坊站步行5分鐘 🅿無
長町武家屋敷 ▶MAP P.8 B-1

3連格餐具筷架
new-style
各3300日圓

好多讓餐桌變華麗的器皿！

充滿個性的作品讓人看得目不轉睛

九谷燒青花鳥 黑
（庄田春海）
3850日圓

綜合藝術大樓中的藝廊

ALTRA

位於集結藝廊、美術學校的複合大樓裡的藝術商店。從年輕藝術家到大師，蒐羅了各領域的作家作品。

簡約又新潮的器皿。不論日式、西式皆適用。

🏠金澤市下堤町ALTRA大樓2F
☎076-231-6698 🕘10:00～17:00
㊡不定休 🚌公車站武藏辻・近江町市場站隨到 🅿無
近江町市場週邊 ▶MAP P.4 B-2

九谷燒企鵝馬克杯
（庄田春海）
3300日圓

仔細看企鵝幽默的表情。

更開心地飲平常的餐點

九谷赤繪赤玉6寸盤
5720日圓

本田屋原創的手繪赤玉系列。

風格穩重的手繪青花盤。

青花七寸盤
7700日圓

紀念日和日常生活都能使用

本田屋食器店

ほんだやしょっきてん

特殊場合與日常生活使用的器皿應有盡有。季節花草圖案的器皿等原創商品，也值得矚目！

🏠金澤市長町1-3-8 ☎076-221-1250
🕘10:00～18:00 ㊡週二 🚌公車站香林坊站步行5分鐘 🅿無
長町武家屋敷 ▶MAP P.8 B-2

→P.109

日常生活的實用器具

畑漆器店
はたしっきてん

以加賀市傳承的木工轆轤技術製作漆器，推出合乎日常生活、設計優良且堅固耐用的商品。

🏠 加賀市山中溫泉湯之出町レ23 商山堂1F　☎0761-78-1149
🕙 10:00～17:00　休 週三　從山中溫泉巴士總站步行7分鐘
🚗 無

山中溫泉 ▶MAP P.12 B-1

簡約又好用！

BORDER
各8250日圓

3個容器的組合，可收納小物或當器皿用。

可水洗，保養簡單！

木質器皿觸感溫潤。

合手好用是特徵！

「潤」19800日圓起，形狀非常可愛。

蒔地
兒童湯匙
16500日圓

上塗漆湯匙
11000日圓起

亦可作嬰兒固齒儀式用。

🌀 Why

為什麼輪島生產漆器？

輪島的氣候和濕度適合處理漆，自室町時代起就有生產稱為「輪島塗」的漆器。從古至今都是由職人手工製作。

杉型碗 中型
溜漆
26400日圓

很多人對溜漆獨有的紅深深著迷。

講究口感的漆器

輪島桐本‧漆的STUDIO【總店】
わじまキリモト‧うるしのスタジオ【ほんてん】

桐本家專營木器和漆器已超過200年的歷史。產品特色是溫潤的質感和鮮亮的風格。

🏠 輪島市杉平町大百藏70-5　☎0768-22-0842
🕙 9:00～17:00　休 全年無休（有臨時店休）
🚉 公車站來一下訪夢站步行15分鐘　🚗 數台

能登 ▶MAP P.10 B-1　→P.131

有如雕塑品般美麗！

推廣傳統的美漆器

GATOMIKIO/1
ガトミキオ ワン

明治41年（1908）於山中溫泉開業。運用傳統山中漆器的技術兼顧實用性，以日式美學為基礎，販售富有藝術感的漆器。

🏠 加賀市山中溫泉蟋蟀町二3-7
☎0761-75-7244　🕙 9:00～17:00
休 週四　從山中溫泉巴士總站步行10分鐘　🚗 15台

山中溫泉 ▶MAP P.12 C-1

講求原料與木材的精準度

TOHKA WINE
各19800日圓

細膩優美的曲線形成迷人造型。

TSUMUGI
附蓋碗 千鳥red
13200日圓

美麗的曲線為餐桌帶來新風采。

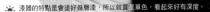
漆器的特點是會塗好幾層漆，所以就算是單色，看起來好有深度。　65

體驗傳統工藝！
製作專屬於自己的特產

參與體驗活動能讓旅行的回憶更深刻。在傳承許多文化的金澤也有豐富的體驗課程！開心把自己手作的特產帶回家吧！

Let's try

DATA
手作落雁體驗

| 需時 | 約40分鐘（10:00～、15:00） |
| 費用 | 1650日圓（含體驗費、抹茶、外帶盒、金澤菓子木型美術館門票） |

體驗用
木模具製作！

在歷史悠久的落雁名店
體驗手作落雁

1 參觀製作落雁用的木模具

首先到木型美術館參觀約1000個典藏模具。

2 開始體驗製作落雁

工作人員仔細教導落雁的做法。可做出各種形狀的落雁。

3 試吃自己做的落雁

完成後搭配抹茶品嘗，稍事休息。自己做的落雁就是特別可口！

4 打包剩下的落雁

剩下的落雁裝入小盒子帶走。如果做得很成功，也可以拿來送禮。

超過390年歷史的和菓子店

森八 本店
もりはち ほんてん

創立於寬永2年（1625），與加賀藩深具淵源的糕餅店。喻為日本三大糕點之一的「長生殿」口感鬆軟，非常出色。

初學者也能安心體驗，太棒了！

🏠 金澤市大手町10-15　☎ 076-262-6251
🕘 9:00～18:00　🈺 全年無休　🚌 公車站
橋場町站步行3分鐘　🅿 15台
主計町茶屋街　▶MAP P.5 E-3

挑戰正統的和菓子體驗

石川縣觀光物產館
いしかわけんかんこうぶっさんかん

自古茶湯文化興盛的金澤才有的正統和菓子體驗。由老店的師傅手把手教學，製作季節的上生菓子。另附500日圓購物券。

🏠 金澤市兼六町2-20　☎ 076-222-7788　🕐 9:30～17:50（隨季節、日期、天候調動）　🈁 週二（12～2月）、有臨時休館　🚌 公車站兼六園下・金澤城站可到　🚗 3台
兼六園周邊　▶MAP P.7 D-1

以筷子為精緻的栗金糖塑形。

完成！

DATA
手作和菓子體驗
需時　約40分鐘（平日13:00～1次，週六、日、假日10:00～15:00輪4班）※12月請至官網或電話預約）
費用　1700日圓

依自己的喜好訂製工藝品

金澤 美飾 淺野
かなざわ びかざり あさの

金箔廠商「箔一」成立的傳統工藝品店。貼箔體驗可挑選自己喜歡的器物與各款貼紙，做出獨一無二的工藝品。

🏠 金澤市東山1-8-3　☎ 076-251-8911　🕐 9:00～18:00　🈁 週二（遇假日營業）　🚌 公車站橋場町站步行5分鐘
東茶屋街　▶MAP P.5 F-2
→P.97

DATA
貼金箔體驗
需時　約30分鐘
費用　1200日圓起※預約者優先制

有小盒子、小包包等物品可選。

完成！

DATA
九谷五彩體驗
需時　約90分鐘（週五～日10:30～、14:30～兩班制）※須預約
費用　4100日圓起

小盤子之外，還有花瓶、盒子等可選擇。

體驗製作友禪布的氣氛

加賀友禪會館
かがゆうぜんかいかん

體驗以加賀五彩呈現高雅圖案的加賀友禪染，操作由外往內暈染的「外暈」等加賀友禪特有的染布技法。

🏠 金澤市小將町8-8　☎ 076-224-5511　🕐 9:00～17:00　🈁 週三（遇假日營業）　🚌 公車站兼六園下・金澤城站步行3分鐘　🚗 無　兼六園周邊　▶MAP P.7 E-2

可選擇手繪、型染或是型繪染。

DATA
加賀友禪染布體驗
需時　約30分鐘
費用　1650日圓起

倉庫改造的藝廊

atelier & gallery creava
アトリエ アンド ギャラリー クリーヴァ

在屋齡100年的老房子體驗手拉坏或彩繪瓷器。九谷五彩體驗可從數種器物中選擇喜歡的款式，再以5種顏料進行所謂「釉上彩」的上色技法。

🏠 金澤市長町2-6-51　☎ 076-254-1668　🕐 10:30～17:00　🈁 週三、四　🚌 公車站香林坊站步行10分鐘　🚗 3台
長町武家屋敷　▶MAP P.8 A-1

SHOPPING
10

速戰速決的購物也沒問題！

在金澤車站購買人氣名產

金澤車站聚集了許多金澤的名店。從基本款到品味獨特的伴手禮，各式各樣的名產齊聚一堂。回程時不妨早一點到車站，好好享受購物之樂吧！

金澤車站（1F）MAP

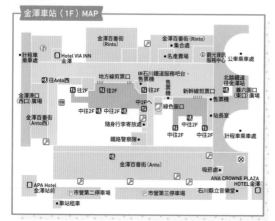

Anto

位於金澤車站的購物中心「金澤百番街」裡，集合了許多特產店和餐飲店，其中不乏金澤代表性的名店。

☎076-260-3700（代表號）
🕗 8:30～20:00（餐飲店 11:00～20:00）※隨店而異
㊋ 不定

金澤車站周邊 ▶MAP P.3 D-1

金澤車站活用法

從購物到用餐、找特產，金澤車站可以滿足所有需求，也提供許多便利的服務。

☑ 蒐集摺頁
先去車站的金澤觀光服務處。那裡放置許多觀光導覽摺頁，方便旅客規畫行程。

☑ 行李可寄放置物櫃或送到飯店
車站設有6處共約1000個投幣式置物櫃。金澤觀光服務處也提供寄送隨身行李到飯店的服務。

☑ 免費出租雨傘和雨鞋
常下雨、下雪的金澤有出租雨傘和雨鞋的特別服務。天氣驟變時，可多加利用。

甜點

與茶湯文化一同發展的金澤糕點，不論哪一款都是高水準！

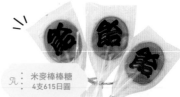

Ⓐ : 米麥棒棒糖
: 4支615日圓

米麥糖以木棍製成懷舊的棒棒糖，很受孩子喜愛！

Ⓑ : 月光山路 栗子蒸羊羹
: 1條840日圓

添加葛粉，蒸過Q彈的餡料包著滿滿栗子。

CUTE!

雅緻又美麗 繽紛甜點的寶庫

Ⓒ : C Kaichin（小）
: 2268日圓

砂糖和寒天做成如彈珠般五彩繽紛的糖果。

Ⓔ : 黑糖袱紗餅
: 1個253日圓

黑糖風味的餅皮包裹著軟糕和細滑的紅豆沙。

一口大小！

Ⓓ : 羽二重 加賀蓮藕餅1個237日圓

軟嫩的羽二重餅添加在地蓮藕，很受歡迎的甜點。

Ⓕ : 杏桃餅
: 4個裝 1080日圓

豐潤的整顆糖漬杏桃以白豆沙和羽二重餅包覆，是奢華的滋味。

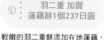

Ⓐ 飴的俵屋　Ⓑ 百番銘華（松葉屋）　Ⓒ 石川屋本舖
Ⓓ 歲時和菓子 越山甘清堂　Ⓔ 和菓子 村上　Ⓕ 菓匠 高木屋

68

美食

適合配飯下酒的美味食品。
搭配在地釀酒一起買回家吧！

𝄞：金澤輕鬆香鬆系列
648日圓起

下飯小菜令人上癮。

→P.57、71

Ⓑ：河豚粕漬
1188日圓

曬乾的河豚以酒粕醃
漬3個月的珍品。

獨特的
高雅風味！

下酒的珍品　琳瑯滿目

How to

品味在地釀酒

Anto的「金澤地酒
藏」設有少見的地
方酒自動販賣機，
試飲價100日圓起
跳。不妨找找看喜
歡的酒吧！

Ⓒ：極品杜父魚
100g 1080日圓

日本產的新鮮河魚杜
父魚以特製調味料滷
製的小菜。

𝄞 鰤魚炙燒本舖 逸味 潮屋
Ⓑ 金澤北珍 看之匠
Ⓒ 佃的佃煮

工藝品

傳承加賀百萬石文化的九谷燒、輪島漆
器等等，石川縣的工藝品也不容錯過。

色彩
鮮豔！

Ⓑ：彩漆二重不倒翁杯（青色・桃色）
各7700日圓

上了珠光漆的雙層構造不鏽鋼杯。

𝄞：箔座的金箔吸油面紙6包組
（石川門・兼六園各3包）
1925日圓

運用製造金箔的技術打造天然材
質的吸油面紙。

把華麗的工藝品　帶回家

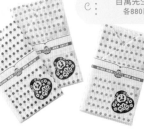

Ⓒ：百萬先生手巾
各880日圓

可愛的百萬先生
周邊商品是恰好
的金澤伴手禮。

Ⓓ：金華Gold護手凝膠
45ml 1320日圓

添加美容成分的金箔護手凝膠。
便於攜帶，也適合送禮。

Ⓔ：九谷燒 貓咪馬克杯
4400日圓

名產九谷燒的馬克杯畫
有五顏六色的貓咪，非
常可愛。

𝄞 友禪工藝鈴蘭
Ⓑ 百椀百膳 能作
Ⓒ 金澤 茅草屋
Ⓓ 箔一
Ⓔ 傳統工藝 金澤九谷（高橋北山堂）

金澤百番街除了「Anto」以外，還有服飾商店進駐的「Rinto」、美食街與超市的「Anto西」。　69

SHOPPING

日式甜點

食品

雜貨

美妝

器皿

體驗活動

金澤車站

SHOPPING 11

外帶也可以！
盡享金澤車站的美食 ♪

JR金澤車站的商業設施「金澤百番街」分成「Anto」、「Anto西」、「Rinto」3個區域，囊括了金澤的人氣美食。打道回府前，還能盡情大啖金澤！

酥炸黑喉魚
550日圓
※視貨源狀況可能有缺貨時

> 特產黑喉魚炸得酥脆！

Take out!
- ☀ 琴路（12個壽司）
  一人份2376日圓
- ☀ 薫（11個壽司）
  一人份1836日圓

可外帶

日本海直送的鮮魚！

巡迴富山灣 壽司玉 金澤車站店
まわるとやまわん すしたま かなざわえきてん

人氣迴轉壽司店「巡迴富山灣 壽司玉」的金澤車站店。除吧台之外，也有桌席，很受家庭客歡迎。〈Anto〉

☎ 076-235-3238
🕚 11:00～21:30（最後點餐21）→P.27

> 比醋飯還大的星鰻很震撼！

烤星鰻
440日圓

> 含黑喉魚的豪華壽司拼盤。

清晨捕獲三魚拼盤
660日圓
※視貨源狀況可能有缺貨時

最後再吃一次壽司

為旅行畫下句點

滿滿蔬菜

令人安心的滋味

野菜拉麵
726日圓

> 蔬菜和粗麵條會吸附湯汁！

> 可隨個人喜好淋上美乃滋。

費工費時製作

獨一無二的咖哩

炸豬排咖哩（中）
800日圓

不分男女老幼都愛的拉麵
8番拉麵金澤車站店
はちばんらーめんかなざわえきてん

在8號國道旁開第一家店是店名起源。放上滿滿清脆蔬菜的野菜拉麵可選鹽味、味噌等5種口味。〈Anto〉

Take out!
- ☀ 野菜拉麵
  756日圓
- ☀ 8番餃子（1人份6顆）
  324日圓

可外帶

☎ 076-260-3731
🕙 10:00～22:00（最後點餐21:30）→P.37

金澤咖哩風潮的先鋒
Go Go Curry金澤車站總店
ゴーゴーカレー かなざわえきそうほんざん

濃稠的咖哩醬配高麗菜絲和炸豬排一起吃。經55道工序花5小時熬煮，再靜置55小時熟成的咖哩，滋味令人吃了上癮！〈Anto〉

Take out!
- ☀ 雞肉咖哩（中）
  800日圓
- ☀ Go Go咖哩（中）
  600日圓

可外帶

☎ 076-256-1555
🕙 10:00～21:00（最後點餐20:30）

70

以新鮮水果補充維他命

手工果汁
巨峰葡萄（R）
550日圓

品嚐蔬果店自豪的水果

八百屋的Parlor Horita 205
やおやのパーラーホリタ ニーマルゴ

金澤的蔬果老店「堀他」策畫的冰果店。使用新鮮蔬果製作餐食和甜點，全都可以外帶。〈Rinto〉

可外帶 Take out!
◈ 蔬果店的水果塔 ───── 500日圓起
◈ 活力沙拉 ───── 540日圓起

☎ 076-222-2011
🕙 7:00～20:00

滲入脾胃的美味
不斷添加的高湯

關東煮
一個100日圓起

魚貝類的爽口高湯充滿鮮甜滋味。

尋找著名的關東煮

季節料理・關東煮 黑百合
きせつりょうり・おでん くろゆり

開業超過60年，不斷添加祕傳的高湯，供應口味不變的關東煮，打響了名號。當地食材入菜的單品料理種類也很豐富。〈Anto〉

可外帶 Take out!
◈ 車麩 ───── 250日圓
◈ 沙丁魚丸 ── 380日圓
◈ 赤卷 ───── 200日圓

☎ 076-260-3722
🕙 11:00～21:30（最後點餐21:00）
→P.34

壽司一重
1700日圓

傳遞感動的極品竹葉壽司

芝壽司
しばずし

嚴選白米和鮮魚，費工完成的逸品。有能登牛柳、鯛魚、紅鮭、星鰻、炙燒鰤魚共5種口味。

☎ 076-261-4844　→P.55

金澤竹葉壽司
豪華版
5個裝 1134日圓

吃下肚可單手

柿葉壽司
5個裝 756日圓

金澤玉壽司
かなざわたまずし

相傳柿葉壽司過去是獻給前田利家的美食。柿葉的獨特香氣更能襯托魚肉鮮甜。

☎ 076-223-3858

明治45年開始販售的老店滋味

鱒的壽司本舖 源
ますのすしほんぽ みなもと

深綠色且香氣十足的竹葉包裹著肥美的鱒魚和壽司飯，是滋味和色彩完美融合的名產！

☎ 076-223-8086

飽足感十足！

輪島朝市便當
1100日圓

鐵路便當集錦

好像變成主公一樣！

百番街店的限定商品

炙燒鰤魚本舖 逸味 潮屋
ぶりのたたきほんぽ いつみ うしおや

以自製的蒸鮑魚做成炊飯，好奢侈！模仿車站剪門的包裝也很吸睛。

☎ 076-222-0408
→P.57、69

鮑魚飯
1600日圓

利家御膳
1300日圓

與加賀藩淵源深厚的便當

大友樓
おおともろう

以轎子為意象的雙層便當盒很特別。內有鄉土料理治部煮。

☎ 076-260-6335

北陸的名便當一字排開

鐵路便當處金澤
えきべんどころかなざわ

高野商店的「輪島朝市便當」有豐富海鮮，裝滿牡蠣飯與滷魚塊等能登美味。

☎ 076-235-2071

糙米拌飯丼
648日圓

豐富蔬菜有益健康

麻雀
すゞめ

享用粒粒分明的糙米，加上豐富蔬菜、豬肉和溫泉蛋！

☎ 076-221-5011

品嘗高雅的肥美油脂

舟樂
しゅうらく

販售以高級魚黑喉魚製作的棒壽司。油脂滑潤的大塊黑喉魚肉經手工壓製成棒壽司。

☎ 076-260-3736

黑喉魚棒壽司
2600日圓

打造「加賀百萬石」

前田家好厲害

前田利家與阿松夫人開創
「加賀百萬石」的歷史

天文15年（1546），現在的金澤城前身「尾山御坊」落成。以尾山御坊為據點，發生了加賀一向一揆（以一向宗為主的抗爭），織田信長派柴田勝家前往平定，並在尾山御坊原址興建金澤城，命佐久間盛政入城。後來，盛政於賤岳之戰遭討伐，豐臣秀吉賜予前田利家加賀40萬石，改由利家入主金澤城。於是，天正11年（1583），自此開啟了加賀藩的歷史篇章。利家與正室阿松夫人同心協力修建城池，為加賀百萬石打下基礎。在關原之戰立下戰功的第2代藩主利長再獲賜加賀、越中、能登3國，成為120萬石的大名諸侯。對文藝、美術造詣極高的第5代藩主綱紀則奠定了金澤文化的基石。

吾乃利家
是也！

至今仍保留古典風情的街道
「東茶屋街」與「西茶屋街」。
人氣觀光景點茶屋街，究竟如何發跡？

金澤的茶屋街起源自文政3年（1820）年，第12代藩主齊廣的時期。當時，散落於城區各處的花街頻繁發生犯罪事件，為統一管理茶屋的營業，加賀藩准許業者在淺野川的「東邊」與犀川的「西邊」建造現在的「東茶屋街」和「西茶屋街」。到了明治時代，淺野川沿岸又新增一處主計町茶屋街，統稱為金澤三大茶屋街，延續著特有的文化迄今。

東新地繪圖
（金澤市立玉川圖書館近世史料館藏）

為重要傳統建造物群保存地區的東茶屋街。

藩主的居城
金澤城

What is

百萬石

現今，「百萬石」這個詞彙有時直接用來當作「加賀藩」的代名詞。其實，「百萬石」的原意是指米的收成量，以成年男性一年的食米量換算，夠100萬人食用。加賀藩在江戶時代的產米量達119萬5000石（單位）以上，除江戶幕府的直轄領地之外，屬各藩當中最大產量。

延寶年間金澤城下圖（金澤市立玉川圖書館近世史料館藏）

TOURISM

兼六園・金澤21世紀美術館

東茶屋街

西茶屋街・長町・香林坊

金澤市郊外

金澤旅宿

能登

與前田家有關的景點

金澤的市區散布幾處能感受加賀藩過往軌跡的景點。不妨漫步街上,來一趟歷史景點巡禮。

❋ 金澤城公園 ❋

加賀藩前田家的居城遺跡。江戶時代留下的建築物有部分損毀,直到平成年間才修復昔日的宏偉姿態。

→P.78

❋ 兼六園 ❋

第5代藩主綱紀開始造園,第12代藩主齊廣命名為「兼六園」,第13代藩主齊泰擴建成現在的樣貌。

→P.76

❋ 尾山神社 ❋

舊加賀藩士們興建,將初代藩主前田利家的功績流傳到後世。供奉著利家與正室阿松夫人。

→P.85

❋ 金澤神社 ❋

創建為金澤藩校「明倫堂」的守護神社,以祭拜菅原道真公而聞名。

→P.84

❋ 成巽閣 ❋

第13代藩主齊泰為母親,即第12代藩主齊廣的正室真龍院建造的宅邸。建築特色是充滿女性化的巧思。

→P.84

❀ What is

加賀藩HISTORY

1488年	發生加賀一向一揆
1583年	前田利家入主金澤城
1598年	前田利長任第2代藩主。因關原之戰立功成為120萬石的諸侯
1600年	阿松夫人前往江戶為德川家的人質
1631年	發生寬永大火
1632年	板屋兵四郎完成辰巳用水(水渠)
1820年	設立東茶屋街、西茶屋街
1867年	大政奉還
1868年	王政復古的大號令

加賀藩的傳統工藝

擁有龐大財富的加賀藩為鬆懈江戶幕府的戒心,致力於文化事業。
下令名為「御細工所」的工廠製造工藝品。

❋ 金箔 ❋

圖片提供:金澤市

黃金視為權力的象徵。江戶時代,金箔的製造受到嚴格管制,但加賀藩仍悄悄持續發展。

→P.67

❋ 蒔繪(金繪) ❋

圖片提供:金澤市

代表桃山文化的高台寺蒔繪巨匠五十嵐道甫獲邀擔任御細工所的指導者,傳授了技法,成為濫觴。

❋ 九谷燒 ❋

圖片提供:金澤市

九谷燒的一大特徵是「釉上彩」。起源是加賀藩命曾在有田學習陶藝的後藤才次郎到加賀山中溫泉九谷町製陶。

→P.64

 前田家與德川將軍家有深厚的聯姻關係,所以雖為外樣大名(諸侯),仍從德川家迎娶了多位正室夫人。　73

兼六園・金澤21世紀美術館

Kenrokuen/21st Century Museum of Contemporary Art,Kanazawa

以兼六園和金澤城公園為中心的這一帶是金澤必訪的觀光地區，人氣景點密集，每一處都好有看頭。

周遊此區的 3 個祕訣

01
使用一日乘車券
搭公車順暢移動

欲前往兼六園周邊，搭金澤車站起始的公車很方便。推薦購買一日乘車券，不僅市區的路線公車可無限次數搭乘，在部分設施還享有優惠。

02
要走很多路，
穿舒適好走的鞋

因觀光名勝密集，許多景點走路即可到達。而且每一處都幅員遼闊，建議穿上好走的布鞋！

03
都是大型景點，
預留充足的參觀時間

兼六園、金澤城公園、金澤21世紀美術館都是重量級的大景點。規畫行程時，多預留充足的時間。

近江町市場（P.30）有很多令人好奇的店。

Colour activity house／Olafur ELIASSON／2010年製作

還有密技！

在賞花季節，兼六園開放免費入園

兼六園於賞櫻時期開放免費入園，須事先確認。開放日期在氣象廳宣布開花後公告。

金澤21世紀美術館的交流區免費開放！

交流區展示著充滿個性的永久典藏作品，可免費參觀。人人都能親近藝術。

美術館入場券的票根可享餐點優惠！

金澤21世紀美術館周邊的一些餐廳，只要出示美術館的票根，就能享有餐飲優惠，不妨多利用。

還有其他玩法！

在近江町市場邊逛邊吃

近江町市場除了新鮮海產，還有各種食材，也有可以當場開吃的食物，不妨問問店員有什麼推薦商品吧。

品嘗各種熟食

晚上到片町輕鬆吃關東煮

白天大啖了海鮮壽司和丼飯後，晚上吃暖心暖胃的金澤關東煮。鬧區片町有好幾家當地人也愛光顧的金澤關東煮名店！

到豆皿茶屋獨占金澤城

金澤城公園的「豆皿茶屋」有一面朝向金澤城的落地窗！可以望著美景休息片刻，太奢侈了！

早上順暢遊覽人氣景點

兼六園和金澤城公園從早上7點（隨季節調整）就開放參觀，只要多多運用早晨的時間，一天就能遊覽好幾個景點。

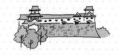

交通指南

兼六園

兼六園有7處入口，如欲前往金澤城方向，可先確認看看是否能利用直達公園的桂坂口。

金澤城公園

公園有4處入口，如欲往返兼六園之間，利用石川門口最方便。去尾山神社的話，可利用玉泉院口。

TOURISM

兼六園・金澤21世紀美術館

東茶屋街

西茶屋街・長町・香林坊

金澤市郊外

金澤旅宿

能登

範例行程　⏱約6小時／🚶約4km

START → ① → ② → ③ → ④ → ⑤ → ⑥ → GOAL

| 金澤車站 | 步行15分鐘 | 近江町市場 | 步行10分鐘 | 金澤城公園 | 步行可到 | 豆皿茶屋 | 步行10分鐘 | 兼六園 | 步行可到 | 成巽閣 | 步行10分鐘 | 金澤21世紀美術館 | 步行可到 | 廣坂・21世紀美術館 |

美術館的建築也是藝術！

這邊、那邊都想看

兼六園・金澤21世紀美術館MAP

金澤車站

N
0　　100m

武蔵
近江町市場　①
淺野川大橋
359
橋場
犀輪三

尾山神社

鄰近的尾山神社也不要錯過。

御影大橋

157

3大觀光景點集結！

金澤城公園
②
③

犀川
犀川大橋

⑥
金澤21世紀美術館

④　⑤
兼六園
159
石川縣立美術館

注意事項！

遵守交通規則安全駕車

注意金澤城公園等景點不能開車進入內。人潮擁擠的地方，請小心駕駛。

公車種類多小心搭錯車

金澤市區的公車有好幾種，可使用的車票也各有不同。請記好可搭乘的公車。

金澤21世紀美術館必訪交流區

交流區的永久作品可免費觀賞。知名的人氣作品「游泳池」在館內的展覽會區。

❶ 近江町市場

以海鮮為主，網羅當地所有食材的市場。一大清早就充滿活力，感受熱鬧氣氛逛逛商店很有趣，也可以到早上就開門營業的食堂吃早餐！
→P.30

❸ 豆皿茶屋

位於金澤城公園的「豆皿茶屋」有一面落地窗能眺望金澤城。可邊欣賞美景，品嘗以各種可愛小碟子盛裝的石川名產和糕點。
→P.81

❺ 成巽閣

第13代藩主前田齊泰為第12代正室（母君）建造的居所。以群青色（Ultramarine Blue）裝飾天花板的「群青之間」，可欣賞高雅的工藝之美。
→P.84

❷ 金澤城公園

加賀藩前田家歷代藩主的居城，位於兼六園旁邊。可參觀保留至今的石川門和平成13年修建完成的菱櫓、五十間長屋、橋爪門續櫓等建築。
→P.78

❹ 兼六園

由歷代加賀的藩主打造。日本三大名園之一，種有櫻花、燕子花、楓葉等，隨四季展現不同美景。其中，「雪吊」景觀堪稱是冬季兼六園的代名詞。
→P.76

❻ 金澤21世紀美術館

如公園般有著開放氛圍的現代美術館。沒有正面的圓形建築如今已是金澤的代表性地標。也有免費開放參觀作品的區域，讓人輕鬆接近藝術。
→P.82

加賀藩主傳承的名園
漫遊兼六園的重點景點

兼六園的幅員廣闊，即使只是走一圈也能遇見美麗景色，
不過既然來到貴寶地，就要掌握重點，享受120%的遊園樂趣！

加賀百萬石的
榮華就在這裡

超有
看頭！

徽軫燈籠
燈腳的長度不
一，非對稱之美
是重點。

霞池
幾乎位處園區的
中心，是面積最
大的池塘。

虹橋
因形狀像古箏，
所以別名稱為
「琴橋」。

地標燈籠！

到興建完成竟花了約180年的歲月。

指定為特別名勝的美麗庭園

兼六園
けんろくえん

與水戶偕樂園、岡山後樂園並列為
日本三大名園。從加賀藩第5代藩
主，到第14代的歷代藩主都曾整建
維護。園中的池塘形成迴遊式庭
園，可欣賞四季之美。

4月上旬約有40種共400棵櫻花樹
開滿園區。

🏠 金澤市兼六町1 ☎ 076-234-3800（石
川縣金澤城・兼六園管理事務所） 🕐
7:00～18:00（10月16日～2月末為8:00～
17:00） 🈺 全年無休 💴 320日圓
🚌 公車站兼六園下・金澤城步行5分
鐘 🅿 無（請利用鄰近的收費停車場）
兼六園周邊 ▶MAP P.7 D-2 →P.15

預防積雪壓
斷樹枝的雪
吊觀從11
月1日開始。

⊛ How to

暢遊兼六園的祕訣

❶ 掌握主要的重點

宛如象徵性地標的燈籠等，先了解何
謂「六勝」。

❷ 確認季節限定的夜間點燈活動

隨季節舉辦的點燈活動可欣賞夜晚的
兼六園。

❸ 參加專業導覽行程

☎ 076-221-6453（兼六園觀光協會）
需時 40分鐘 費用 500 日圓

TOURISM

兼六園・金澤21世紀美術館

東茶屋街

西茶屋街・長町・香林坊

金澤市郊外

金澤旅宿

能登

展現季節之美的「六勝」♪

往金澤城公園（p.78）

7 翠瀧・瓢池 （みどりたき・ひさごいけ）

霞池的水從6.6m高的瀑布翠瀧注入葫蘆形狀的池塘瓢池。相傳是兼六園最早建造的園區。

1 霞池・徽軫燈籠 （かすみがいけことじとうろう）

面積約1公頃是園內最大的池塘，也是兼六園的象徵。推薦在燈籠前的虹橋拍紀念照。

絕佳的眺望景觀！

2 眺望台 （ちょうぼうだい）

可眺望金澤的街區和卯辰山。晴天時甚至能看到日本海和能登半島。

6 三芳庵 （みよしあん）

休息一下

茶房位於相傳是兼六園的發源地的瓢池畔，在別館也能享用鄉土料理。　→P.80

5 曲水・花見橋 （きょくすいはなみばし）

櫻花、燕子花沿著曲水盛開的風景很美。由辰巳用水引水而來。

GOAL　真弓坂口
←往金澤21世紀美術館（P.82）

START
桂坂口
桂坂售票處
茶屋見城亭
濱田蓬萊堂
餐廳萬清亭
陶藝吉崎東山
餐廳堤亭
清水亭
城山亭
兼六庭
櫻岡
櫻岡口
櫻岡售票處
寄觀亭
蓮池門口
蓮池門售票處
夕顏亭
三芳庵水亭
翠瀧・瓢池
內橋亭
霞池
蓬萊島
虹橋
唐崎松
兼六園熊谷
兼六園菊櫻
手向松
鵲錦島
時雨亭（P.80）
長谷池
真弓坂售票處
川口門遺跡
梅林
隨身坂售票處
根上松
花見橋
飛鶴亭
成巽閣（P.84）
石川縣立生活工藝博物館
石川縣立傳統工藝館
金澤神社（P.84）
壽亭
上坂口
上坂口售票處
小立野口售票處
小立野口

4 雁行橋 （がんこうばし）

橋形表現出大雁列隊飛行的樣子（為維護古蹟禁止通行）。

3 唐崎松 （からさきまつ）

首屈一指的名樹

第13代藩主前田齊泰從種子栽培的黑松，向接觸水面般伸出枝芽。

What is

六勝

讚賞美景「宏大、幽邃、人力、蒼古、水泉、眺望」的意思。兼六園容納了原本難以共存的六勝，為其名稱的由來。

穿越時空重現風華

到金澤城公園認識加賀藩的歷史

金澤城是加賀藩前田家歷代藩主的居城。平成8年（1996）重建為都市公園，修復完成的建築訴說著加賀百萬石的繁華。

橋爪門續櫓
為監視從橋爪門通往二之丸的人的重要建築

屋瓦也很美

明治時代以後建造的城牆屬當時最大規模。

春天櫻花美麗綻放！

包圍石川門盛開的櫻花是春天的風情畫。

How to

金澤城公園的攻略祕訣

① 夜間點燈可免費入場

每週六和假日，日落～21:00實施夜間點燈，可免費入場。

櫻花和城池都打上燈光

② 多種砌法的石牆

金澤城公園又稱為石牆博物館，有不同種類的石牆。

【自然石堆砌】　【粗加工石堆砌】　【切石堆砌】

❂ 有這些看點！ ❂

E 菱櫓

二之丸的最高處，對沒有天守閣的金澤城是代表性的望高樓。

F 橋爪門續櫓

可俯瞰二之丸正門「橋爪一之門」的望高樓。

G 三十間長屋

建於安政5年（1858），是兩層的多門樓房。現今的長度是26間半（約48.23m），列為日本重要文化財。

H 宮守堀

城池西南方的護城河，2010年重新修復成美麗的樣貌。

TOURISM

兼六園・金澤21世紀美術館

東茶屋街

西茶屋街・長町・香林坊

金澤市郊外

金澤旅宿

能登

城下町的地標
傳頌加賀藩的歷史

傳統加賀的歷史與文化

金澤城公園
かなざわじょうこうえん

金澤城於前田利家入城的天正11年（1583）起正式動土興建。後來，城池因火災燒毀大半，明治時代之後陸續成為軍事要塞和金澤大學的操場，終於在平成年間重新整建，恢復了安政時期的面貌。

⌂金澤市丸之內1-1 ☎076-234-3800 ⏰7:00～18:00（10月16日～2月底8:00～17:00），菱櫓、五十間長屋、橋爪門續櫓、橋爪門為9:00～16:30（最後入館時間16:00）休全年無休 ¥公車站兼六園下，金澤城站步行5分鐘 🅿無（請利用附近的收費停車場）
兼六園周邊 ▶MAP P.6 C-1 →P.14

菱櫓
一如其名，建築物呈菱形，連柱子也是菱形的獨特瞭望高樓。

五十間長屋
可入內參觀，爬上二樓可看到內部的粗樑和木造骨架。

金澤城築城年表

1546年	金澤御堂創建
1583年	前田利家入主金澤城
1592年	正式建構石牆
1602年	因雷擊燒毀天守閣
1759年	金澤大火燒毀全城
1809年	橋爪門、二之丸菱櫓竣工
1858年	三十間長屋落成
1996年	整修成金澤城公園
2010年	宮守堀修復完工
2015年	橋爪門案二之門完工
2020年	鼠多門、鼠多門橋完工

Ⓓ ごじっけんながや
五十間長屋
連接菱櫓與橋爪門櫓的通道，曾作為武器和工具的倉庫使用。

Ⓒ はしづめもん
橋爪門
前往藩主居住的二之丸御殿最後一道關卡，城內最氣派的門。©石川縣觀光連盟

Ⓑ かほくもん
河北門
三之丸正面的實質正門。平成22年（2010）重建完成。

Ⓐ いしかわもん
石川門
城池的後門，現在的門為天明8年（1788）重建。

從正面拍照為佳

GOAL
START
兼六園

🔍找找看城裡用來對敵人丟石頭的小窗子和藏身開槍的縫隙吧。

79

感受歷史也要休息一下
兼六園&金澤城公園的
美景茶館

充滿加賀百萬石歷史的兼六園和金澤城公園，有可欣賞美麗庭園悠閒喝茶的茶庵。不僅能配甜點享用，也有提供午餐。

在陽光灑落的和室休息片刻

穿和服很上相！

位於長谷池畔的茶房。散步途中可稍事休息。

美景SPOT_01

@兼六園

→P.76

抹茶
（附上生菓子）
730日圓

搭配抹茶享用高雅滋味的上生和菓子。也有日式煎茶（附乾糕點）310日圓。

1 以九谷燒的盤子盛裝上生菓子。 2 眺望美麗的庭園悠閒品茶。

享受庭園的奢侈時光

時雨亭
しぐれてい

相傳從加賀藩第5代藩主前田綱紀的時期曾經存在的建築，平成12年（2000）於現址重建為茶房。

☎ 076-232-8841　⊗ 9:00～16:30
（最後點餐16:00）　⊛ 全年無休
兼六園周邊 ▶MAP P.7 D-2

創業超過140年的料亭老店

三芳庵
みよしあん

明治8年（1875）創始的茶庵，因皇族、各界名人曾造訪而聲名大噪。位處於相傳是兼六園發源地的瓢池池畔。

☎ 076-221-0127　⊗ 9:30～17:00（午餐11:00～14:30）※隨季節更動　⊛ 週三（可能依訂位而異）
兼六園周邊 ▶MAP P.7 D-2

1 流洩到瓢池的瀑布翠瀧。 2 平靜的池水舒緩心靈。

在綠意圍繞的池畔享受靜謐的時光

也有冰抹茶

抹茶
（附上生和菓子）
750日圓

夏季推薦喝冰抹茶消暑。

TOURISM

兼六園・金澤21世紀美術館

東茶屋街

西茶屋街・長町・香林坊

金澤市郊外

金澤旅宿

能登

美景SPOT_02

@金澤城公園

→P.78

濃縮在小碟子裡的
金澤美味

吃視覺系午餐就來這裡

豆皿茶屋
まめざらちゃや

在能眺望金澤城的店裡，品嘗
殿皿御膳以小碟子裝著石川名
產和糕點，或是輕食鶴之丸御
膳1400日圓等。

☎ 076-232-1877
🕚 11:00～16:00
㊡ 全年無休
兼六園周邊 ▶
MAP P.6 C-1

殿皿御膳
（附飲料）
2600 日圓

可品嘗金澤名產押
壽司、湯品、甜點
等共9道菜色。

宏偉的
金澤城

金箔霜淇淋
950 日圓

濃純滑順的霜淇淋
放上金箔。

1 從店裡的大窗觀賞金澤城。 2 店內採溫馨的木質
裝潢。

眺望美麗庭園的休憩所

玉泉庵
ぎょくせんあん

位於江戶時代的露地役所（負
責管理維護庭園的機構）原址
的茶庵。可邊欣賞造景美麗的
庭園，邊品嘗抹茶和原創的上
生菓子。

☎ 076-221-5008　🕘 9:00～16:30
（最後點餐16:00）　㊡ 全年無休
兼六園周邊 ▶ MAP P.6 B-1

在能看見庭園的茶室，有時也會舉
辦茶會。

望著玉泉院丸庭園
享受無上的品茶時光

季節的
和菓子！

抹茶
（附上生和菓子）
730 日圓

遠離城市喧囂，品嘗
隨季節變換的上生和
菓子。

CHECK

注意看
美麗的庭園！

歷代藩主經手的庭園

玉泉院丸庭園
ぎょくせんいんまるていえん

據傳從加賀第3代藩主前田利常
開始造園，到廢藩為止存在
於金澤城內玉泉院丸。屬於池
泉迴遊式的庭園，高低落差達
22m的立體造景是一大特色。平
成27年（2015）整修完成，恢
復了往昔的面貌。可一併參觀
玉泉庵。

兼六園周邊 ▶ MAP P.6 B-1

城市裡的藝術天堂！
到金澤21世紀美術館
享受藝術

說到金澤旅行的必訪景點就屬這裡！以「像公園對城市開放的美術館」為建築概念，館內外都展示著現代藝術。

「游泳池」／Leandro Erlich／2004年製作

彷彿置身水底般不可思議的感覺。

親身感受現代藝術

金澤21世紀美術館
かなざわにじゅういっせいきびじゅつかん

妹島和世與西澤立衛組成的建築事務所SANAA設計的現代藝術美術館。隨處展示各具特色的永久典藏作品，也舉辦許多藝術家的特展。

🏠 金澤市廣坂1-2-1　☎ 076-220-2800　⏰ 交流區9:00～22:00（藝術書圖書館、館內商店、餐廳等開放時間各異）、展覽區10:00～18:00（週五、六～20:00）　🈺 交流區全年無休、展覽區週一公休（遇假日休隔天平日）　💰 交流區免費入館、展覽區收費入場（隨展出內容與時期變動）　🚌 公車站廣坂・21世紀美術館站隨到　🚗 319台
第六區周邊 ▶MAP P.6 C-2　→P.16

 How to

遊覽金澤21世紀美術館的祕訣

01 配合行程選擇觀賞的區域

若是當天來回的一日遊等時間受限的情形，建議先逛交流區（免費）就好。如時間充裕再觀賞館內的展覽會區！

02 熱門展品當日預約，看展無壓力

「游泳池」等全部展品，建議當日至官網預約看展。

TOURISM

兼六園・金澤21世紀美術館

東茶屋街

西茶屋街・長町・香林坊

金澤市郊外

金澤旅宿

能登

從展覽會區（收費）開始吧！

前往交流區（免費）

游泳池

在游泳池的上方和下方都感覺被觀看的奇妙作品。

Leandro Erlich／2004年製作

Jan Fabre／1998年製作

測量雲的男人

美術館屋頂上的作品，讓天空和建築物融為一體。

Blue Planet Sky

不可思議的球體！

從天井望去的天空像擷取下來的一幅作品。

James Turrell／2004年

妹島和世＋西澤立衛／SANAA／2016年

圓

為紀念開館10年而設置的藝術裝置，可進入球形亭。

Rabbit Chair

兔耳形狀的可愛椅子。可以坐著拍照。

妹島和世＋西澤立衛／SANAA

Colour activity house

隨著玻璃的重疊見到的風景也變化成不同顏色。

Olafur Eliasson／2010年製作

講講話看看！

Klangfeld Nr. 3 für Alina

彼此在地底相連的喇叭狀作品，來體驗對話的樂趣！

Florian Claar／2004年

還有限定商品！

各1100日圓

原創手巾

圖案是金澤車站到美術館的地圖。

為了獲得紀念品

美術館商店

☎ 076-236-6072　🕙 10:00～18:30（週五、六～20:30）　🈺 週一（遇假日休隔天平日）

KODUE HIBINO 毛巾手帕

550日圓

以幽默繪圖呈現能登半島的名勝。

托特包 ZUROKKING

各3300日圓

尺寸可放入圖冊的網紗材質包包。

吃午餐　喝咖啡

Fusion午餐

自助前菜搭配主菜的套餐。

2450日圓

在時尚的空間享用午餐

Coffee Restaurant Fusion21

カフェレストランフュージョンにじゅういち

☎ 076-231-0201　🕙 10:00～20:00（餐食最後點餐19:00，午餐11:00～14:00）　🈺 週一（遇假日休隔天平日）※可能有包場的情形，請事先確認

想帶著相機去 ♪

令人怦然心動的**必訪景點**

從兼六園即到

散發優雅氛圍的群青色空間

怦然心動
鮮豔醒目的藍色呈現出摩登氣氛。

群青之間位於二樓，採數寄屋（茶室）風書院的構造。

金澤神社
金澤 正月之守

從兼六園即到

金澤第一的能量景點
鮮豔的朱紅色很醒目

怦然心動
運氣好的話，能見到正殿天井上的白蛇。

過去是守護兼六園的神社正殿。

懸掛著水晶吊燈，壁紙是金和雲母的花紋。

「謁見之間」有一整片雕工精細的浮雕格窗。

據說金城靈澤（湧泉）是「金澤」地名的由來。

也到紅色鳥居前方的神門看一看吧。

藩主孝順母親建造的女眷宅邸

成巽閣

せいそんかく

第13代藩主前田齊泰為第12代正室（母君）所建造的居所。彩色的格窗、鮮豔的牆壁等，充滿女性特質的裝潢仍深深吸引觀者目光。

🏠 金澤市兼六町1-2　☎ 076-221-0580　🕐 9:00～17:00
🈺 週三　💴 700日圓（特別展門票另計）　🚌 公車站出羽町站步行3分鐘　🚗 7台
兼六園周邊　▶MAP P.7 D-2

與加賀藩淵源深厚的神社

金澤神社

かなざわじんじゃ

第11代藩主前田治脩創建的神社，供奉著學問之神菅原道真公及白蛇龍神，相傳主掌火災、水災、消災、財運等。

🏠 金澤市兼六町1-3　☎ 076-261-0502　🈺 自由參拜
🚌 公車站廣坂・21世紀美術館前站步行5分鐘　🚗 無
兼六園周邊　▶MAP P.7 D-2　→P.21

藝術之都金澤的建築物別有一番風味。參觀兼六園和金澤城公園後，
順道造訪這幾個景點，感受前田家喜愛藝術的精神吧。

從金澤城公園即到

有著彩繪玻璃窗的美麗神門迎賓客

怦然心動
到了晚上會點燈，照耀出五彩光芒。

指定為日本國家重要文化財的神門。

從兼六園步行3分鐘

金澤最古老的神社有好幾個網美打卡點

怦然心動
「101鳥居」的美照一定要拍到！

並排的朱紅色鳥居綿延約50m，夜間會點燈。

掛滿繪馬祈求戀愛成功的「繪馬小徑」。

季節花朵漂浮的花手水。
※2023年3月撤除柄杓

赴歇山頂樣式屋瓦的正殿參拜。

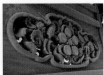
正殿的木頭格窗雕刻著梅花花紋。

約有2200年歷史的神社

石浦神社
いしうらじんじゃ

金澤最古老的神社以保佑結良緣聞名。令和元年（2019）
再造101座鳥居和花手水等，如畫的美景很多。

🏠 金澤市本多町3-1-30　☎ 076-231-3314　休費 自由參拜
（社務所9:00～17:00）　🚌 公車站廣坂・21世紀美術館站隨
到　🅿 10台
兼六圓周邊 ▶MAP P.6 C-2　→P.13、20

供奉前田利家與阿松夫人

尾山神社
おやまじんじゃ

供奉加賀藩祖前田利家公與正室阿松夫人，融合日漢洋
建築風格的神門在全日本也屬罕見，最上層五彩繽紛的彩
繪玻璃必賞！

🏠 金澤市尾山町11-1　☎ 076-231-7210　休費 自由參拜
（社務所9:00～17:00）　🚌 公車站南町・尾山神社前站步行
3分鐘　🅿 15車位
兼六圓周邊 ▶MAP P.6 B-1　→P.21

建築物本身也魅力十足♡

優美的博物館巡禮

金澤21世紀美術館周邊還有許多充滿魅力的博物館！
除了作品之外，建築物本身也很優美，值得關注。

1 移建活化化明治時代的建築物（攝影：太田拓實）。2 古典的內部裝潢。3 喫茶室供應抹茶和甜點（350日圓）。4 從本館眺望庭園與茶室耕雲庵。5 2樓的展覽室展出約50〜70件書畫工藝品。6可靜靜與自己相處的思索空間。

A 日本唯一專攻工藝的博物館

國立工藝館
こくりつこうげいかん

專攻近代工藝、設計的美術館。遷移並展示漆藝藝術家松田權六的工房，還有數位觀賞系統、圖書館、商店等，設施完備。

🏠 金澤市出羽町3-2 ☎ 050-5541-8600
🕘 9:30〜17:30（最終入場17:00）
㊡ 週一（遇假日開館）㊌ 依展覽而異
🚏 公車站廣坂・21世紀美術館站步行7分鐘 🚗 250台（文化設施共用停車場）
兼六園周邊 ▶MAP P.7 D-3 →P.17

建築物本身的做工也很有看頭（攝影：太田拓實）。

B 茶具與工藝的美術館

中村記念美術館
なかむらきねんびじゅつかん

以茶道美術為中心，從古九谷燒、加賀蒔繪、加賀鑲嵌等工藝品，到現代作家的作品皆廣泛收藏。

🏠 金澤市本多町3-2-29 ☎ 076-221-0751
🕘 9:30〜17:00（最終入場16:30）㊡ 週一（遇假日休隔天平日）、換展期間
🎫 310日圓 🚏 公車站本多町站步行3分鐘
🚗 20台
兼六園周邊 ▶MAP P.7 D-3

除圖示的本館之外，園區內也有茶室。

C 佛教哲學家成立的博物館

鈴木大拙館
すずきだいせつかん

介紹金澤出身的佛教哲學家鈴木大拙的生平軌跡。建築家谷口吉生設計的建築裡，設置了一處與自己相處的空間。

🏠 金澤市本多町3-4-20 ☎ 076-221-8011
🕘 9:00〜17:00（最終入場16:30）㊡ 週一（遇假日休隔天平日）、換展期間
🎫 310日圓 🚏 公車站本多町站步行4分鐘
🚗 無
兼六園周邊 ▶MAP P.7 D-3

由玄關棟、展示棟、思索空間棟3棟建築組成。

TOURISM

兼六園・金澤21世紀美術館

東茶屋街

西茶屋街・長町・香林坊

金澤市郊外

金澤旅宿

能登

這裡也不容錯過！

還有值得一看的SPOT

兼六園周邊有許多古蹟，來認識石川縣的傳統與文化吧！

SPOT ①

觀賞庭園，品嘗美麗的料理

與加賀藩有淵源的庭園宅邸

金澤玉泉邸
かなざわぎょくせんてい

在料亭品嘗日本料理，同時欣賞以第2代藩主夫人玉泉院命名的「玉泉園」。庭園從江戶時代初期，由前田家的重臣脇田家歷時約100年打造而成。
※中午、晚上都只供應會席料理。

🏠 金澤市小將町8-3 ☎ 076-256-1542 🕐 12:00～14:30、18:00～22:00 ㊡ 週一（遇假日營業） Ⓜ 公車站兼六園下・金澤城站步行3分鐘 🚗 10台
兼六園周邊 ▶ MAP P.7 E-1

春天有水芭蕉，夏天有燕子花。隨季節賞花

午餐6050日圓起，晚餐8470日圓起。　每個包廂都能看到庭園。

SPOT ②

還有其他博物館

保有明治時代風格的建築物

石川四高記念文化交流館
いしかわしこうきねんぶんかこうりゅうかん

古色古香

建於明治時代的重要文化資產舊第四高等中學校本館，重整為「石川近代文學館」以及可作為藝文空間利用的「石川四高記念館」。

也有舉辦常設展、特展和活動等

🏠 金澤市廣坂2-2-5 ☎ 076-262-5464 🕐 9:00～17:00（展示室最終入場16:30） ㊡ 換展期間 🎫 370日圓 Ⓜ 公車站香林坊站步行2分鐘 🚗 無
香林坊 ▶ MAP P.6 B-2

發思古幽情的紅磚博物館

石川紅磚博物館
石川縣立歷史博物館
いしかわあかレンガミュージアム
いしかわけんりつれきしはくぶつかん

以豐富的文物資料、布景展覽和影像，詳實介紹石川縣的歷史與文化。曾是陸軍彈藥庫的紅磚建築（國家指定文化財）也值得觀賞。

🏠 金澤市出羽町3-1 ☎ 076-262-3236 🕐 9:00～17:00（展示室最終入場16:30） ㊡ 換展、整理期間 🎫 常設展300日圓 Ⓜ 公車站出羽町站步行5分鐘 🚗 45台
兼六園周邊 ▶ MAP P.7 D-3

石川的美術工藝品齊聚一堂

石川縣立美術館
いしかわけんりつびじゅつかん

附設名甜點師辻口博啓策畫的咖啡館。

以野野村仁清的國寶「色繪雉香爐」（常設）為首，囊括繪畫、雕刻、工藝等，展出從古美術到現代美術的各種工藝品。

🏠 金澤市出羽町2-1 ☎ 076-231-7580 🕐 9:30～18:00（最終入館17:30） ㊡ 換展期間 🎫 館藏展370日圓 Ⓜ 公車站廣坂・21世紀美術館站步行5分鐘 🚗 60台
兼六園周邊 ▶ MAP P.7 D-2

以五感體驗的街區

東茶屋街
主計町茶屋街地區

Higashi Chaya-gai／Kazuemachi Chaya-gai

許多江戶時代的茶屋改造成咖啡館或特產店，是金澤最經典的觀光地。還有大樋美術館和泉鏡花記念館等，可一探金澤文化與藝術的景點也零星分布。

遊覽這一區的3個祕訣

01
避開人潮多的時段

深受觀光客喜愛的東茶屋街約從下午4點開始，人潮逐漸散去。不過，晚上不營業的店家傍晚5點左右就打烊，請多留意！不妨在觀光客尚未聚集的上午時段前往。

02
注意不要邊走邊吃

東茶屋街為保護景觀，管制邊走邊吃喝的行為。像是金箔霜淇淋，若店裡有內用空間就在該處吃完再走。戶外如見到設置長椅的休憩站，也可以在那裡飲食。

03
利用便利的公車回金澤車站

回金澤車站方向的公車站在穿過淺野川大橋後，於橋場町路口往兼六園方向直走的「城下町金澤周遊巴士左回線橋場町（金城樓對面）公車站」。這一站也有周遊巴士和路線公車停靠，每小時7班以上車次。

避開人潮，悠閒散步吧！

有好多網美甜點！

回程也可能遇到人擠人，要有心理準備。

還有祕技！
搭乘點燈巴士賞夜景！

只限週五晚上，金澤車站東口會開出巡迴各點燈景點的觀光巴士。首班車19:00起，詳情請洽076-237-5115（北陸鐵道電話客服中心）。

交通指南
公車

「城下町金澤周遊巴士」是巡迴市區主要觀光景點的公車。路線有分右回線和左回線，各約15分鐘一班車。

租借共享單車

有點距離的景點建議可利用「Machinori」。東茶屋街附近就有租借站，可以試看看！

還有其他玩法！
穿和服走在充滿情調的茶屋街

金澤車站周邊和東茶屋街附近有許多和服出租店，可輕鬆租用穿著上街散步。其中也有出租加賀友禪和服的店家。

地標的淺野川

體驗有來頭的茶屋文化

東茶屋街的「志摩」和「懷華樓」是可付費入內參觀的茶屋，讓人有機會接觸平常不接觸新客的茶屋文化。

88

愉快的
散步♡

▶範例行程　　🕐約5小時／🚶約1km

START → ① → ② → ③ → ④ → ⑤ → ⑥ → ⑦ → ⑧ → GOAL

| 金澤車站 | 搭公車約10分鐘 | 東茶屋街 | 步行可到 | 懷華樓 | 步行可到 | 志摩 | 步行即到 | 金澤美飾淺野 | 步行3分鐘 | 多華味屋 | 步行2分鐘 | 八百萬本舖 | 步行2分鐘 | 主計町茶屋街 | 步行可到 | 主計町鮨向川 | 步行3分鐘 | 橋場町 |

東茶屋街・主計町茶屋街MAP

0　　　100m

N

東山

東茶屋街

中之橋

志摩

359

懷華樓

泉鏡花記念館

金澤文藝館

橋場

淺野川大橋

淺野川

159

159

百萬石大道

茶屋林立的風雅街區。

穿過金澤市區的百萬石大道即到。

注意事項！

茶屋街周邊沒有便利商店！

在稍遠的地方才有便利商店，所以必要的物品最好先在武藏辻一帶或金澤車站附近購買。

**停車場少
道路狹窄
自駕要注意！**

周邊沒有大型停車場，建議從金澤車站搭公車或租單車前來。道路也很狹窄，若自駕要多留意！

❶ 東茶屋街

美麗窗格的茶屋建築林立的街區，許多觀光客穿和服漫步其間。這裡規定不可邊走邊吃，請在店裡、屋簷下或鄰近的廣場飲食。
→P.90

❷ 懷華樓

白天對外開放參觀。晚上拒絕新客上門，至今仍堅持一客一室，在華麗的包廂設宴。必看奢侈無比的黃金茶室！
→P.96

❸ 志摩

文政3年（1820）落成以來不曾改建，是現存的珍貴茶屋建築，列為日本國家重要文化財。二樓演出藝伎的舞蹈和遊藝。
→P.96

❹ 金澤美飾淺野

九谷燒、加賀友禪、金澤金箔、加賀刺繡、桐木工藝等石川縣的傳統工藝中，也展售不少現代作家的作品，亦可體驗貼金箔。
→P.97

❺ 多華味屋

以石川縣觀光吉祥物為造型的百良先生非常吸睛。有紅豆、卡士達醬、豆腐生乳酪等口味。
→P.94

❻ 八百萬本舖

可買到金澤的工藝品和伴手禮。二樓的和室有尊大型的「百萬先生」坐鎮，是高人氣的拍照景點。
→P.101

❼ 主計町茶屋街

因江戶時代加賀士富田主計的故居座落在此而得名。金澤三大文豪之一的泉鏡花也曾描寫進作品，高級的料亭和茶屋林立。
→P.100

❽ 主計町鮨向川

使用北陸的豐富海產製成高檔的壽司。中午、晚上都只供應主廚套餐。店裡有吧台座位，能觀賞淺野川的桌席也不賴。
→P.29

兼六園・金澤21世紀美術館

東茶屋街

西茶屋街・長町・香林坊

金澤市郊外

金澤旅宿

能登

📷 TOURISM

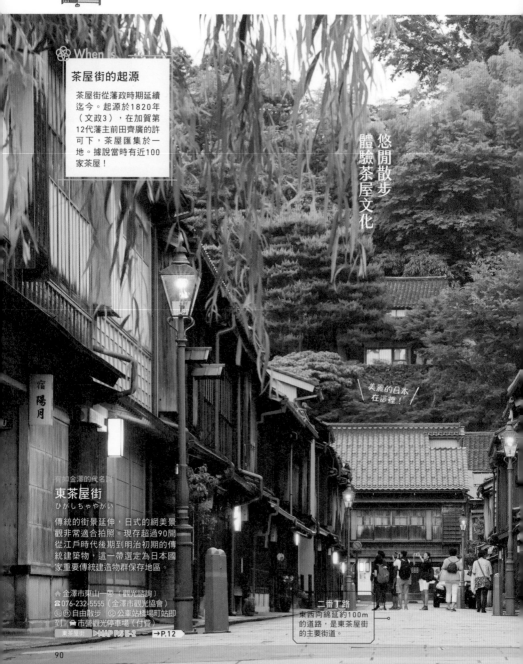

漫步在古色古香的街區

穿和服到東茶屋街散步

從江戶時代傳承茶屋文化至今的「東茶屋街」。
金澤觀光的必訪人氣景點，很適合散步。

❀ When's

茶屋街的起源

茶屋街從藩政時期延續迄今。起源於1820年（文政3），在加賀第12代藩主前田齊廣的許可下，茶屋匯集於一地。據說當時有近100家茶屋！

悠閒散步
體驗茶屋文化

宿 陽月

美麗的日本
在這裡！

有如金澤的代名詞
東茶屋街
ひがしちゃやがい

傳統的街景延伸，日式的絕美景觀非常適合拍照。現存超過90間從江戶時代後期到明治初期的傳統建築物，這一帶選定為日本國家重要傳統建造物群保存地區。

🏠 金澤市東山一帶（觀光諮詢）
☎ 076-232-5555（金澤市觀光協會）
🕐⊗ 自由散步 🚌 公車站橋場町站即到 🅿 市營觀光停車場（付費）

東茶屋街 ▶MAP P.5 E-2 →P.12

二番丁路
東西向綿延約100m的道路，是東茶屋街的主要街道。

TOURISM

兼六園・金澤21世紀美術館

東茶屋街

西茶屋街・長町・香林坊

金澤市郊外

金澤旅宿

能登

遊覽東茶屋街
的 3 個訣竅

1 古意盎然的街景與和服很搭調，多利用租借和服的服務吧。

2 如主要目的是拍照，盡量在人潮尚未聚集的上午造訪。

3 若時間充裕，不用事先規畫行程，隨興散步逛街也樂趣無窮。

先去租借和服

東茶屋街有幾家出租和服的店。大多價格平實，可輕鬆體驗。

感受風雅的茶屋文化

→P.96

開放一般遊客參觀的茶屋有3家。可親眼欣賞茶屋建築的內部構造與優美的做工，千萬別錯過。

優美的裝潢令人陶醉

茶屋建築
面對街道的格窗和二樓加高的和室是建築特色。

在町家咖啡館小憩

→P.94

隨處可見歷史悠久的建築改造成咖啡館，供應日式點心或鬆餅等，菜單豐富，往感興趣的店GO！

也有可愛的甜點♡

挑戰金澤特有的手作體驗

→P.97

華麗的貼金箔或傳統的押壽司等，推薦嘗試看看金澤特有的文化體驗。

完成！

東茶屋街 MAP

● 宇多須神社
Cafe Tamon

金澤 美飾 淺野

志摩
二番丁路
懷華樓

多華味屋

淺野川大橋

淺野川

0 ⌞⌞⌞⌞⌞⌞⌞⌞⌞⌞⌞⌞ 600m

N

茶屋街約15分鐘能走完，看到感興趣的店就進去逛逛吧！

TOURISM
08

沉浸在風雅的空間…
在東茶屋街一帶
大啖町家美食

承襲加賀百萬石的歷史和傳統的料亭之味或當地食材做成的料理等，在町家享用美食，更能深刻感受金澤的風味。

及時品嘗當季的美味！
金澤才有的正統會席料理

町家✕會席

品嘗志部煮和黑喉魚

味處佐兵衛
あじどころさへえ

開業約40年的會席料理店。採用四季當令的食材做成料理，有單品和套餐供選擇。偶爾奢侈一下，享受豐盛的正統日本料理。

🏠 石川縣金澤市觀音町1-1-3
☎ 050-5484-6863　🕐 17:30～21:00（午餐接受4人以上預訂）　🈺 週日（4人以上可預訂）　🚌 公車站橋場町站步行3分鐘　🅿 1台
東茶屋街周邊
▶ MAP P.5 E-2

**會席套餐
8800日圓**

能吃到鄉土料理志部煮和高級魚黑喉魚等全10道菜。

町家✕釀造廠

金澤在地生產的獨特啤酒

ORIENTAL BREWING 東山店
オリエンタル
ブルーイングひがしやまてん

品嘗金澤特有風味與芬芳的手工釀造啤酒。有「加賀棒茶Stout」、「湯涌柚子Yell」、「能登登Saison」等口味，輕鬆試試看只有這裡才喝得到的滋味。

🏠 金澤市東山3-2-22　☎ 076-255-6378　🕐 11:00～21:00　🈺 全年無休　🚌 公車站橋場町站可到　🅿 無
東茶屋街周邊
▶ MAP P.5 E-2

✿ What is

金澤的手工精釀啤酒

能喝到手工精釀啤酒的餐廳與日俱增，近年來也新開了數家釀酒廠。每一款啤酒都各具特色，善用當地特產製成的商品也逐步獲得粉絲的擁戴。

白天開喝也OK！

770日圓

湯涌柚子Yell

柚子和啤酒發酵時產生的酯（Ester）散發華麗果香。

就在店內的釀造廠釀製
享受新鮮的手工啤酒！

隨時供應8種ORIENTAL BREWING的原創啤酒。

享用盡是當地食材的料理！

日夜呈現不同風貌的
日本料理店

町家╳和食

東山志－YOSHI－
ひがしやま よし

來自能登的店主把黑喉魚和能登牛等當地食材做成奢華丼飯，大受歡迎。晚上可享用正統的日本料理。

⌂ 金澤市東山1-4-42-1 2F ☎ 076-256-5634
🕙 11:30～16:00（週六、日、假日11:00～）、18:00～22:00（晚上須訂位）
🗓 不定 🚉 公車站橋場町站步行2分鐘
🚗 無
`東茶屋街周邊` ▶MAP P.5 E-2

炙燒黑喉魚石鍋丼
3400日圓

大快朵頤石鍋、高湯茶泡飯和肥美黑喉魚共譜的美味。

「志」有如大人的祕密基地。

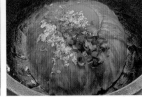

石川縣引以為傲的品牌牛肉！

能登牛的5秒炙燒丼3800日圓。和牛特有的鮮甜滋味，入口即化！

中午吃排隊名店的**人氣午餐**！

品嘗加賀麩全餐
麵麩料理專賣店

麩料理套餐
3850日圓起

鍋物風味的「車麩之巢」是招牌料理！

剛煮好的砂鍋飯是午餐的主角

一湯六菜定食
1800日圓

砂鍋飯之外，還有紅燒魚等6樣配菜，另附甜點。

明治八年開業的麵麩老店

麩料理 宮田・鈴庵
ふりょうり みやた すずあん

生吃鮮麩、田樂炸生麩和甜點等，所有菜色都使用了麵麩，只在麵麩專賣店才吃得到的會席料理很受歡迎。

⌂ 金澤市東山3-16-8 ☎ 076-252-6262 🕙 11:30～15:00（最後點餐13:30）🗓 週三、每月最後1個週日 🚉 公車站小橋町站步行2分鐘 🚗 3台
`東茶屋街周邊` ▶MAP P.5 D-1

淺野川河畔的古民房。店裡有如「加賀群青之間」的風情。

必吃手工烹調的配菜！

東山瑞穗
ひがしやま みずほ

以石川縣白米煮的砂鍋飯和使用當地食材做成的家庭料理是極品。

⌂ 金澤市東山1-26-7 ☎ 076-251-7666 🕙 11:00～最後點餐14:00（週六、日最後點餐15:00）🗓 週四（遇假日營業）🚉 公車站橋場町站步行5分鐘 🚗 無
`東茶屋街周邊` ▶MAP P.5 F-2

熱騰騰的米飯只要能加200日圓就能升級為生蛋拌飯。

在町家悠閒休憩的咖啡時光

被氣氛給療癒了♡

充滿情調的茶屋街隨處可見傳統町家改造而成的咖啡館。
初次造訪也能感受到閒適的氣氛，好好度過放鬆的時光吧。還要找找可愛的甜點！

忍不住
久待了♡

ⓐ
被甜甜香味吸引
忍不住停下腳步

許多遊客也會在店門口拍照留念。

🌀 What is

享用剛出爐
的甜點

金澤特有的群
青之壁令人印
象深刻。

二樓的和室也可以租用

百萬先生

石川縣的觀光宣傳吉祥
物，集結輪島塗漆、金
澤金箔和加賀友禪等石
川縣的傳統工藝技術於
一身。周邊商
品也很豐富！

百萬先生燒
1個220日圓起

有紅豆、卡士達醬、
百腐生乳餡等口味

ⓐ

可愛的招牌甜點百萬先生燒

多華味屋
たかみや

改造屋齡150年的町家成
為店舖，可在保留昔日風
采的和室享用剛出爐的名
產「百萬先生燒」。除基
本款之外，還有季節限定
口味。

金澤市觀音町1-1-2 ☎076-
208-3344 ⏰ 11:00〜18:00
（週六、日、假日10:30〜）
週二、三 公車站橋
場町站可到 無

東茶屋街周邊 ▶MAP P.5 E-2
→P.19

TOURISM

兼六園・金澤21世紀美術館

東茶屋街

西茶屋街・長町・香林坊

金澤市郊外

金澤旅宿

能登

B
品嘗人氣店的
牛奶冰淇淋

鮮奶口味
好濃郁！

黃豆粉霜淇淋
590日圓

義式冰淇淋專賣店「能登
Milk」研發的逸品。

D
在茶屋建築裡
享受奢侈的片刻

上生菓子和抹茶
700日圓

精緻美麗的金澤和菓
子配抹茶一起享用。

「Tamon」的鬆餅
1300日圓

鬆鬆軟軟
用米粉做的鬆餅

加200日圓可附鮮奶
油等喜歡的配料！

C
眺望著茶屋街
吃日式點心

上生菓子
抹茶套餐
1000日圓

品嘗四季不同風情的
和菓子，記得也要欣
賞美麗的器皿！

B
可愛甜點很吸睛！

And Kanazawa
アンド カナザワ

古民房改造成摩登的店
面，供應名店研發的霜淇
淋、金澤萩餅3個組800日
圓，還有正統的咖啡，蔚
為話題。

🏠金澤市東山1-17-17-2
☎ 076-299-5452 🕐 9:00～
18:00（週六、日10:00～）
🈵週四 🚌 公車站橋場町站
步行4分鐘
東茶屋街周邊 ▶MAP P.5 F-2

C
美好的景致陪伴喘口氣

波結
はゆわ

在過去專為藝伎梳頭的
「櫻井理容院」舊址開設
的咖啡館，位於東茶屋街
主街道，可眺望美麗街
景，品嘗抹茶和日式糕
點。

🏠金澤市東山1-7-6 2F
☎ 076-216-5577 🕐 10:30～
17:30 🈵不定 🚌公車站橋
場町站步行3分鐘 🚗無
東茶屋街周邊 ▶MAP P.5 E-2

D
在歷史悠久的茶屋小歇

寒村庵
かんそんあん

位於國家指定重要文化財
的茶屋「志摩」（P.96）
後棟的茶室。可以觀賞庭
園，度過靜心的時光。

🏠金澤市東山1-13-21志摩1F
☎076-252-5675（志摩）
🕐 9:30～17:00（12～2月～
16:30） 🈵 全年無休 🚌 公
車站橋場町站步行5分鐘
🚗無
東茶屋街周邊 ▶MAP P.5 F-2

E
自豪的膨軟鬆餅

Cafe Tamon
カフェたもん

位於前田利家相關的宇多
須神社對面的町家咖啡
館。使用石川縣產越光米
粉做成的「Tamon鬆餅」
口感鬆軟，其他講求地產
地銷的菜單也很受歡迎。
→P.49

🏠金澤市東山1-27-7 ☎076-
255-0370 🕐 9:00～17:00
🈵 全年無休 🚌 公車站橋場
町站步行5分鐘
東茶屋街周邊 ▶MAP P.5 F-2

咖啡館「波結」的所在地原是開了超過半世紀的老理容院「櫻井」，目前櫻井已搬到同棟建築的另一邊繼續營業。

TOURISM **10**

來金澤一定要見識！
參觀茶屋＆體驗手作的樂趣

東茶屋街有許多茶屋白天能體驗金澤的傳統文化。
如貼金箔或做押壽司，務必把稀有的體驗納入行程中！

鋪著金箔榻榻米的茶室
金碧輝煌
金澤市

一定要參觀奢華無比的
黃金茶室！

平常看不到的
奇特空間

茶屋體驗

漆成朱紅色的樓梯
整面紅色的樓梯像是引
人踏入非日常的世界。

藝伎的扇子
東茶屋街的藝伎花名一
字排開。

一窺茶屋的奢靡世界！

朱之間
視覺衝擊大的紅色牆壁讓
人感受到和室的歷史。

黃金葛粉
在茶館享用了加了金箔的
葛粉。

參觀體驗風雅的茶屋文化
懷華樓

かいかろう

金澤最大間的茶屋建築，保留約200年前的風貌，內
部裝潢令人印象深刻。晚上拒絕新客上門，舉辦一
客一室的宴會。

🏠 金澤市東山1-14-8　☎ 076-253-0591　🕙 10:00～
17:00（隨預約狀況調整）　🈵 週三（須先確認營業日）
💴 750日圓、入館＋抹茶套餐1400日圓
🚌 公車站橋場町站步行5分鐘　🅿 無
東茶屋街 ▶MAP P.5 F-2　→P.48

庭園之美令人感動…

1 內部優美精緻的塗
漆是特色。2 也要欣
賞美麗的中庭。

維持江戶時代的風貌
志摩
しま

文政3年建造的茶屋建築，日本指定為國家重要文化
財。二樓是宴客室，演出藝伎的舞蹈和遊藝。

🏠 金澤市東山1-13-21　☎ 076-252-5675　🕙 9:30～
17:30（12～2月～17:00）　🈵 全年無休　💴 500日圓
🚌 公車站橋場町站步行5分鐘　🅿 無
東茶屋街 ▶MAP P.5 F-2

歷史上也是珍貴的茶屋
金澤市指定文化財 茶屋美術館
かなざわししていぶんかざい おちゃやびじゅつかん

文政3年（1820）建造的茶屋建築直接保留為美術
館。和室的牆壁以氧化鐵塗成朱紅色和鮮豔的群青
色，可見金澤茶屋文化的繁華。

🏠 金澤市東山1-13-7　☎ 076-252-0887　🕙 9:30～14:30
🈵 週四　💴 500日圓　🚌 公車站橋場町站步行5分鐘
🅿 無　東茶屋街 ▶MAP P.5 F-2

維持建設
當時的原貌！

1 茶室的二樓是宴客
包廂。2 展示梳
子、髮簪、髮飾等
加賀蒔繪的工具。

仔細貼好
金箔！

撕開貼紙
完成！

1 在器皿或手拿鏡等物品
貼上金箔貼紙。 2 選擇
金箔的貼紙。

TOURISM

兼六園・金澤21世紀美術館

東茶屋街

西茶屋街・長町・香林坊

金澤市郊外

金澤旅宿

能登

🌸 手作體驗

體驗金澤的美學
金澤 美飾 淺野
かなざわ びかざり あさの

九谷燒、加賀友禪、金澤金箔、桐木工藝等
石川縣的傳統工藝中，也有不少現代作家的
作品，多是能在日常生活使用的道具。手作
原創小物的金箔體驗也很受歡迎。

🏠 金澤市東山1-8-3 ☎ 076-251-
8911 🕘 9:00〜18:00（體驗
10:00〜最後入場15:00） 🈺 週二
（遇假日營業） 💰 1200日圓起
🚌 公車站橋町站步行5分鐘 🚗 無
東茶屋街 ▶MAP P.5 F-2

→P.67

貼金箔
在筷子或盤子等器物貼
金箔，做出自創的物
件。

在茶屋建築體驗壓金箔
箔座稽古處
はくざきいこどころ

可在雅致的茶屋建築接受上金箔的體驗課。體驗項目
有筷子、盤子等，每班以4名學員為上限，團體一起慢
慢手作。

🏠 金澤市東山1-13-18 箔座光藏內 ☎ 076-252-3641（最
晚前一天預約） 🕘 10:00〜16:30 🈺 週二、三
💰 1540日圓起 🚌 公車站橋場町站步行5分鐘 🚗 無
東茶屋街 ▶MAP P.5 F-2

極薄的金箔！

貼金箔的瞬間不禁
閉氣。

押壽司
從前在春天和秋天的慶
典上，家人一同享用的
節慶料理。

日本海的
豐饒食材！

製作節慶日的珍饈
押壽司體驗廚房金澤壽司
おしずしたいけんちゅうぼうかなざわずし

體驗製作慶典不可或缺的押壽司。透過體
驗，認識金澤的飲食文化，也可以親自品
嘗。因使用金澤特有的食材，讓人想多體
驗幾次。

🏠 金澤市東山1-15-6 ☎ 076-251-8869
🕘 11:00〜15:00（最後點餐14:00） 🈺 週三
💰 1980日圓起 🚌 公車站橋場町站步行5分
鐘 🚗 無 東茶屋街 ▶MAP P.5 F-2

1 使用當地名產米糠醃河豚等食材。2 體驗製作傳統飯盒的金澤壽司2750日圓。
3 成品如圖所示。

♪🎵♫

可以寫上
自己的名字♪

在扇子寫上喜歡的文字
懷華樓
かいかろう

夜晚謝絕新客上門，白天開放遊客參
觀全部建築。在茶館不僅可以品嘗甜
點，還能參加在藝伎扇子上寫文字的
體驗。

→P.96

1 初次體驗也細心指導。2 懷華樓的茶館區陳列著藝伎扇子。

製作藝伎
扇子
在藝伎用的高檔
涼扇寫上自己名
字的風雅體驗。

想要買來當伴手禮！

令人心動的日式雜貨超吸睛♪

運用傳統工藝的技術打造金澤風味的日式雜貨！
不僅適合當伴手禮，也可以是送給自己的犒賞。

① 迷你髮圈
3個1000日圓

適合當伴手禮
的小物！

人氣No.1
原創手巾
各1210日圓

可愛的手巾和
原創商品很豐富！

② 以加賀蔬菜和加賀麵麩
等石川縣特產為設計圖
案，好漂亮！

② 塗漆筷（左）990日圓
（右）1980日圓

販售超過200雙
筷子，也有輪島
塗漆的筷子。

加賀手毬的
圖案好可愛！

金澤風格的水引飾品
適合當作伴手禮…

人氣No.1
水引（繩結）
耳夾・耳環
各1320日圓

② 原創口金包
1650日圓

圖案可愛的口金包，可放
隨身藥品或當眼鏡盒！

風一吹
就搖曳
♥

③ 耳環（小林亞彌香
小姐）4950日圓

以加賀友禪布料
做成外星感的飾
品。

① 色彩與設計樣
式眾多，也有
螢光色的流行
款。

③ 小花瓶（清井純一
先生）3300日圓

透明的藍色很美
麗！

結合傳統與創新設計
年輕藝術家手製作品

① 髮夾
各1650日圓

不僅適合和服，
也能搭配洋裝的
萬用髮飾。

③ 九谷燒作家淺藏
一華的器皿如少
女般的繪圖風和
色彩，擁有眾多
粉絲。

人氣No.1
一口茶杯
3630日圓
蛋缽（小）
4950日圓

① 以水引製作的飾品豐富！

淺之川 吉久
あさのがわ よしひさ

運用100種以上的水引，手工做成一
個個飾品。各個價格實惠，作為送人
的伴手禮很受歡迎！

② 引發少女心的小物們♥

今日香
きょうか

原創手巾為主，以親民的價格販售筷
子、線香等平常使用的日式雜貨。挑
個喜歡的物品，當作旅行的回憶吧。

③ 以「藝術與生活」為概念的選品店

玉匣
たまくしげ

以活躍於當地的年輕工藝作家為中
心，展能融入現代生活的物品。其
他地方買不到，設計新穎的手工藝品
也很豐富。

🏠 金澤市東山1-4-42　☎076-213-2222
🕐 10:00～17:00　📅不定　🚌公車站橋場
町站步行3分鐘　🚗無
東茶屋街周邊 ▶MAP P.5 E-2

🏠 金澤市東山1-24-6　☎076-252-2830
🕐 11:00～傍晚時分　📅週一、三、不定
🚌公車站橋場町站步行5分鐘　🚗無
東茶屋街周邊 ▶MAP P.5 F-2

🏠 金澤市東山1-14-7　☎076-225-7455
🕐 10:00～17:00　📅週二　🚌公車站橋場
町站步行6分鐘　🚗無
東茶屋街周邊 ▶MAP P.5 F-2

充滿藝術感又摩登的傳統工藝作品

餐桌變華麗！

人氣No.1
九谷燒咖啡杯
（工藤完子）
各4950日圓

⑤ 筷架～千鳥
～各1100日圓
鮮豔的玻璃筷架。

⑤ 和紙飾品（左）Personality
7150日圓／（右）輪 7700日
以手染的二俣和紙製成，
北美貴的作品。

⑤ 設計成杯盤合而
為一的九谷燒咖
啡杯。

④ 羊毛披肩（安井未星）
各1萬5400日圓
配色美麗、自由搭配的披肩。

北陸的技術與品味好物齊聚一堂的選品店

⑥ Ealuzakka金澤金箔
髮圈，各3520日圓
以多種金箔做成的髮圈，
心情也跟著變華麗！

⑥ Blooming（右）4510
日圓／（左）4290日圓
使用能登柏與金箔做成的
飾品系列。

人氣No.1
Hanammoko手錶
28050日圓起

選品店裡的美好邂逅

圓滾滾的姿態很可愛

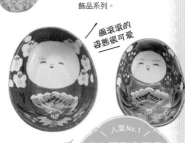

④ 加賀象牙耳環
12000～15000日圓
加賀象牙作家設計製作的
造型耳環。

④ 結合漆器、剪花、金箔花紋等工藝的手錶，錶面和腕帶皆可客製化。

⑥ 以可愛八幡小姐
為造型的小碟
子。

人氣No.1
公主不倒翁 碟子
（山崎裕理）
小2200日圓
小小1980日圓

④ 為北陸製造業發聲的藝廊

Gallery&Shop 金澤美藏
ギャラリーアンドショップ かなざわみくら

精選當地企業與優良藝術家作品的商店。不限於工藝品，也有販售食品和時尚配件。

🏠 金澤市東山1-13-7 📞 076-282-9909
🕐 11:00～16:00（週日、假日10:30～17:00）㊡ 不定 🚌 公車站橋場町站步行3分鐘 🅿️ 無
東茶屋街 ▶ MAP P.5 F-2

⑤ 日常可使用的工藝品一字排開！

緣煌
えにしら

包括九谷燒、漆器、玻璃、金屬等，展示販售活躍於北陸約80位作家的作品，很多是只在東山區才買得到的作品」

🏠 金澤市東山1-13-10 📞 076-225-8241
🕐 10:00～17:00 ㊡ 不定 🚌 公車站橋場町站步行4分鐘 🅿️ 無
東茶屋街 ▶ MAP P.5 F-2

⑥ 傳統工藝的選品店

金澤 美飾 淺野
かなざわ びかざり あさの

金箔專賣店「箔一」成立的傳統工藝選品店。以加賀友禪、加賀刺繡做成的飾品款式豐富，引人少女心！

🏠 金澤市東山1-8-3 📞 076-251-8911
🕐 9:00～18:00 ㊡ 週二（遇假日營業）
🚌 公車站橋場町站步行5分鐘 🅿️ 無
東茶屋街 ▶ MAP P.5 F-2

TOURISM

兼六園・金澤21世紀美術館

東茶屋街

西茶屋街・長町・香林坊

金澤市郊外

金澤旅宿

能登

尋找網美SPOT♪
在主計町茶屋街流連忘返

石板路上細格窗的店家林立,來到主計町茶屋街彷彿穿越時空。
身穿和服上街好相襯,來一趟悠閒的散步吧!

拍攝紀念照

在浪漫的巷弄或坡道

與文豪有緣的茶屋街

主計町茶屋街
かずえまちちゃやがい

淺野川沿岸料亭與茶屋成排,走在石板路的茶屋街上,有時傍晚會聽到三味線的樂音。有歷史的建築物傾訴著昔日的風華。

🏠金澤市主計町 🕐🈚自由散步
🚌公車站橋場町站可到 🚗有東山觀光停車場
主計町茶屋街 ▶MAP P.5 E-2
→P.13

好有風情的街景♪

How to

主計町茶屋街的玩法

逛完整個街區約需1小時,建議與淺野川相隔的東茶屋街(P.90)一道遊覽。

PHOTO SPOT 📷
01

光坂

與暗坂平行的坡道,由作家五木寬之命名。走在石板階梯上,可感受到居民的生活氣息。

主計町茶屋街 ▶MAP P.5 E-2

也想逛店家!

PHOTO SPOT 📷
02

暗坂

從久保市乙劍宮通往主計町的小路,據傳眾家老爺為避人耳目前往茶屋街時,會利用此處。

主計町茶屋街 ▶MAP P.5 E-2

PHOTO SPOT 📷
03

中橋

橫跨淺野川的行人專用復古橋,和左岸的主計町茶屋街相輝映,充滿情調。

🏠金澤主計町
🕐🈚自由散步
🚌公車站橋場町站步行4分鐘
主計町茶屋街
▶MAP P.5 D-2

走過復古的橋樑

PHOTO SPOT 📷
04

八百萬本舖

原是五金行的民房改造成的建築，販售新潮的九谷燒和吉祥物百萬先生的周邊商品。2樓和室有一尊大型的「百萬先生」座鎮。

🏠 金澤市尾張町2-14-20 ☎ 076-213-5148 🕙 10:00～18:00
🏖 不定 💰 空 🚌 公車站橋場町站即到
🚗 無
主計町茶屋街 ▶ MAP P.5 E-2

→P.18

● 540日圓

冠軍咖哩

以「金澤咖哩」闖出名號的濃醇咖哩醬。

● 385日圓

百萬先生紙膠帶

適合用來包裝禮物！

在二樓百萬旁邊拍一張紀念照吧

沒想到這麼大！

見到金澤的偶像百萬先生

1 有飾品店和保存食品店等8家商店進駐。 2 「百萬先生之家」販售只有這裡才買得到的商品。

適合當作伴手禮。

PHOTO SPOT 📷
05

沉浸在文學的浪漫中

接觸文豪的世界

金澤文藝館

建於昭和4年（1929）的銀行建築裡，展示著五木寬之等與金澤有關的作家作品。

🏠 金澤市尾張町1-7-10 ☎ 076-263-2444
🕙 10:00～18:00 🏖 週二（遇假日休隔天平日）、換展期間 💰 100日圓 🚌 公車站橋場町站可到 🚗 無
主計町茶屋街 ▶ MAP P.5 E-2

 What is

金澤的三大文豪　明治時代到昭和初期，出身金澤、活躍於文壇的3位作家有泉鏡花、德田秋聲、室生犀星。

PHOTO SPOT 📷
06

泉鏡花記念館　照片提供：泉鏡花記念館

典藏金澤三大文豪之一的泉鏡花約2000件親筆資料等，可認識他的生平和美學。

🏠 金澤市下新町2-3 ☎ 076-222-1025 🕙 9:30～17:00 🏖 週二（遇假日休隔天平日）、換展期間 💰 310日圓 🚌 公車站橋場町站步行3分鐘 🚗 4台（與金澤蓄音器館的共有停車場）
主計町茶屋街 ▶ MAP P.5 D-2

TOURISM **13**

接觸金澤孕育的藝術

到個性派博物館
感受金澤的魅力

藝術與傳統會隨時代的變遷產生變化，來看看與金澤一起蛻變的藝術家留下來的作品吧！

啊！這個木模好可愛！

金澤百萬石
美麗深奧的糕點文化

美術館入口有座木模具的迎賓隧道。

也展示珍貴的器物！

許許多多茶碗顯示出與茶文化的深厚關係。

休息一下
喝茶

可在隔壁的森八茶寮品嚐茶點。

江戶時代流傳的糕點木型成千上百件

森八 金澤菓子木型美術館
もりはち かなざわかしきがたびじゅつかん

金澤的糕點文化從1625年發展至今，糕點老舖把悠遠的歷史收藏到美術館裡。精巧到令人讚嘆的木模具簡直就是藝術品！

🏠 金澤市大手町10-15森八本店2F ☎ 076-262-6251 🕐 9:00～17:00 🈺 全年無休 💴 200日圓 🚌 公車站橋場町站步行3分鐘 🚗 13台

主計町茶屋街 ▶MAP P.5 E-3

體驗代表戰後時代的產品設計

柳宗理記念設計研究所
やなぎそうりきねんデザインけんきゅうじょ

柳宗理留下許多優秀的工業設計產品如家具、廚房用品等，展出約200件珍貴資料與許多作品，親身來感受其中的魅力吧。

🏠 金澤市尾張町2-12-1 ☎ 076-201-8003 🕐 9:30～17:00 🈺 週一（遇假日開館） 💴 免費 🚌 公車站尾張町步行2分鐘 🚗 7台

主計町茶屋街 ▶MAP P.5 D-2

代表作「蝴蝶椅」。

日本工業設計大師柳宗理

©Yanagi Design Office

展出200件作品
感受柳宗理的魅力

米其林1星的
美術館

展示精彩的作品。

傳遞百萬石文化的加賀茶陶

大樋美術館
おおひびじゅつかん

可一窺百萬石金澤的茶道文化，充滿深邃風情的美術館。從初代到現任第11代大樋長左衛門歷經350年以上的歷史，展示淵遠流長的大樋燒陶器。

隈研吾設計的大樋藝廊。

🏠 金澤市橋場町2-17 ☎ 076-221-2397 🕐 9:00～17:00 🈺 全年無休 💴 700日圓 🚌 公車站橋場町站即到 🚗 1台

主計町茶屋街 ▶MAP P.5 E-3

這裡也不容錯過！

還有值得一看的 SPOT

在東山品嘗外帶的網美系FOOD吧！

SPOT

網美系外帶美食在這裡！

金澤的水果老店

金澤聖代村端
かなざわパフェむらはた

不愧是為品嘗水果的聖代！
水果專賣店嚴選新鮮水果製
作，隨季節變換。

🏠 金澤市東山3-2-18味之十字
屋本店2F ☎ 076-225-8099
🕙 10:00～18:00（最後點餐
17:30）🈺 不定 🚌 公車站
橋場町站步行2分鐘 🚗 無
主計町茶屋街 ▶MAP P.5 E-2

來到幸福的頂點！

金澤水果聖代
600日圓

假日大排長龍的名品霜淇淋

烏雞庵 東山店
うけいあん ひがしやまてん

烏骨雞蛋做成的霜淇淋撒上滿滿金粉！使用
大量珍貴烏骨雞蛋做成滋味濃醇的冰品！

🏠 金澤市東山1-3-1 ☎ 076-255-6339
🕙 9:30～17:00 🈺 不定 🚌 公車站橋場町站
步行4分鐘 🚗 無
東茶屋街 ▶MAP P.5 E-2

烏骨雞蛋霜淇淋附金箔
700日圓

閃亮亮的
東山名產！

箔座策畫的金箔美味體驗

箔座 金的緣起屋
はくざ きんのえんぎや

天然鮮美高湯的極品章魚燒，豪邁
放上一整片金箔！

🏠 金澤市東山1-13-23 ☎ 076-253-
8881 🕙 10:00～17:00（最後點餐
16:30）🈺 全年無休 🚌 公車站橋
場町站步行5分鐘 🚗 無
東茶屋街 ▶MAP P.5 F-2

鮮美的高湯濃縮在
內！吞下好像連運
氣都提升了！

金的章魚燒 松，1200日圓

黑喉魚霜淇淋，550日圓

一口接一口，越
吃越好吃♪

衝擊的視覺系甜點超人氣！

金澤東山・百番屋
かなざわひがしやまひゃくばんや

可愛的粉紅色「黑喉魚」
餅乾張著大嘴，裡頭裝滿
濃醇霜淇淋，還有卡士達
醬、能登大納言紅豆！

🏠 金澤市東山3-3-35 ☎076-
254-6181 🕙10:00～17:00
🈺 不定 🚌 公車站橋場町站
步行3分鐘 🚗 無
東茶屋街 ▶MAP P.5 E-2
→P.52

Gold Wand
1支500日圓

有巧克力和
草莓2種口
味可選擇。

來自金箔工藝品店的新款金箔糖果

金箔屋作田 茶屋街店
きんぱくやさくだ ちゃやがいてん

宛如魔法手杖的巧克
力餅乾棒。接受點餐
後才為客人捲上金
箔。

🏠 金澤市東山1-3-40 ☎076-
251-6777 🕙 10:00～17:00
（最後點餐16:30）🈺 週四
🚌 公車站橋場町站即到
🚗 請利用本店停車場
東茶屋街 ▶MAP P.5 E-2

西茶屋街
長町·香林坊區域

Nishi-Chayagai/Nagamachi/Korinbo

茶屋街的茶屋建築櫛比鱗次，加賀藩士居住的長町武家屋敷遺跡保留了土牆和石板小徑，這一區濃縮了歷史，充滿古趣，有許多值得遊覽的景點。

遊覽此區的 3 個祕訣

01
善用志工
導覽服務

「長町武家屋敷休憩館」和「金澤市西茶屋資料館」都有導覽志工「Maidosan」常駐。提出申請就能免費同行，介紹附近的景點，讓遊客更深入了解歷史與建築。

了解建築的知識與魅力，旅行更有意思！

02
人氣餐廳
務必先訂位

以河邊的淺通為首，這一區有許多人潮絡繹的餐飲店。不光是晚餐，連早餐和午餐都有可能客滿，為了按行程享受旅行，能訂位的人氣餐廳一定要事先訂位。

Hiramipan（P.40）的庫克太太三明治。

03
探訪復古又有深度的
新豎町商店街

去過西茶屋街和長町武家屋敷遺跡等必訪景點後，可以到當地人屬意的金澤看看。新豎町充滿了昭和情調的氣氛，聚集了個性派的時尚店家，另有一番金澤的深層魅力。

復古的新豎町商店街（P.112）。

還有密技！

黃昏的茶屋街

日落時分，茶屋街會點亮燈火，變得比白天更有情調。傍晚人潮也開始散去，推薦想悠哉散步的人趁此時來訪。

交通指南

公車

從金澤車站出發的話，搭公車較方便。不論是路線公車或城下町周遊巴士，幾乎所有公車都有停靠香林坊。

步行

這一區相距最遠的長町武家屋敷和西茶屋街，約步行15分鐘可到達。區域內最便利的移動方式是走路。

還有其他玩法！

適合悠閒散步的區域

歷史色彩鮮明的茶屋街和長町武家屋敷遺跡等，這一區的特色是有許多散步遊覽的景點。不只參觀觀光景點，也要好好欣賞街景。

穿和服入鏡美如畫♡

▶ 範例行程　🕐 約3.5小時／🚶 約3km

START → ① → ② → ③ → ④ → ⑤ → ⑥ → ⑦ → ⑧ → GOAL

悠閒散步吧

| 金澤車站 | 🚌 搭公車約10分鐘 | 長町武家屋敷遺跡 | 🚶 步行可到 | 武家屋敷遺跡 野村家 | 🚶 步行可到 | 和菓子村上長町店 | 🚶 步行5分鐘 | 潺通 | 🚶 步行即到 | Oyoyo書林 | 🚶 步行即到 | Bistro Hiramipan | 🚶 步行15分鐘 | 西茶屋街 | 🚶 步行可到 | 甘納豆河村 | 🚶 步行3分鐘 | 廣小路 |

西茶屋街・長町・香林坊 MAP

金澤城公園
尾山神社
5 6
潺通
4
③ ②
長町武家屋敷遺跡
香林坊
金澤市公所
金澤21世紀美術館
157
片町
室生犀星記念館
8
7 西茶屋街

彩繪玻璃很美的尾山神社。

這裡很熱鬧，有許多餐飲店。

到了春天，犀川岸邊的櫻花美麗盛開。

N　0　100m

❸ 和菓子村上 長町店

和菓子老店開設的茶館。到長町武家屋敷散步時，位於適合喘口氣的地段。
→P.109

❹ 潺通

水渠沿岸的道路，是當地人也愛去的地方。有多家時尚的咖啡館和雜貨店，適合散步逛街。
→P.110

❺ Oyoyo書林

改造大正時代的建築成為古書店，有繪本、文藝書等各領域的書籍。
→P.110

❻ Bistro Hiramipan

原是鐵工廠的建築改造成鄉村風，潺通的人氣餐廳，也販售現烤出爐的麵包。
→P.40

❶ 長町武家屋敷遺跡

江戶時代的武家屋敷林立，古色古香的街景延續。步行其中，有如穿越時空般的感受！
→P.108

❷ 武家屋敷遺跡 野村家

充滿風情的野村家武家屋敷是現今仍對外開放的古蹟之一，可感受房屋與庭園的協調之美。
→P.109

❼ 西茶屋街

茶屋建築林立的小型茶屋街，除料亭和茶屋之外，也有活化老房的甜點店和咖啡館等。
→P.106

❽ 甘納豆河村

位於西茶屋街的甘納豆專賣店。產品包裝可愛，附設的茶房「Salon de thé kawamura」也值得推薦。
→P.53

傳統與創新的融合！
到西茶屋街散步吃甜點

充滿傳統情調的「西茶屋街」有很多甜點店和茶館等
可輕鬆上門的店家，非常適合悠閒散步！

仍在營業的茶屋櫛比鱗次，充滿風情的街區。

仍有藝伎隸屬的
金澤三大茶屋街之一

西茶屋街
にしちゃやがい

約100m的主要道路上，格子窗的茶屋
建築林立，宛如回到江戶時代。時而
傳來三味線和練唱的聲音，也能見到
藝伎的身影。

🏠 金澤市野町
🚌 公車站廣小路站步行3分鐘
西茶屋街 ▶MAP P.8 A-3

能觀賞西茶屋街的風景也是賣點！

 A 甘納豆專賣店設立的高雅沙龍

Salon de thé kawamura
サロン・ド・テ・カワムラ

「河村」的甘納豆原是藝伎愛用的伴手
禮，附設的茶館供應真材實料的蕨餅和
刨冰等，很受歡迎！

🏠 金澤市野町2-24-7 ☎ 076-282-7000
🕙 10:30～17:00（週日、假日～16:30）
📅 每月第1個週二 🚌 公車站廣小路站步行
3分鐘 🅿 無
西茶屋街 ▶MAP P.8 A-3

附自家製豆腐奶油！

本黑蕨餅
1400日圓

使用100%真正蕨
粉製成的蕨餅。

豆子拼盤
（附加賀棒茶）
1800日圓

有甘納豆、水果零食、栗
子、羊羹的豪華拼盤。

推薦伴手禮！

各1500日圓

豆壺

以美濃燒的壺裝入綜
合甘納豆。

各390日圓起

袋裝甘納豆

以能登大納言紅豆製成的甘
納豆是人氣No.1的特產！

好美的
街景～

B 可以體驗茶館文化的設施

金澤市西茶屋資料館
かなざわししにしちゃやしりょうかん

位於茶屋「吉米樓」的舊址，重現茶屋建
築的資料館。可入內參觀朱紅色牆壁的和
室。

🏠 金澤市野町2-25-18　☎ 076-247-8110
🕘 9:30～17:00　㊡ 全年無休　💴 免費　🚃 公
車站廣小路站步行3分鐘　🚗 無

觀光導覽「Maidosan」
常駐，可以請他們導覽
解說！

「古早味豆腐」
（270日圓）

C 看看豆腐店做的甜點！

手造 中谷豆腐
てづくり なかたにとうふ

只使用北陸「豔麗」品種的黃豆和產自能登
鹽田的鹽滷做成「古早味豆腐」，也深受當
地人喜愛，可品嘗黃豆的原味。

🏠 金澤市野町2-19-13　☎ 076-241-3983
🕘 10:00～17:00　㊡ 週日、不定　🚃 公車站廣
小路站步行3分鐘　🚗 無
西茶屋街　▶MAP P.8 A-3

推薦伴手禮是豆腐冰淇淋370日圓。

D 老字號點心鋪的特殊甜點

西茶屋菓寮 味和以
にしちゃやかりょう あじわい

嘉永2年（1849）創業的糕點老店「諸將
屋」開設的茶館。可一邊觀賞庭園，享用能
登大納言紅豆等嚴選食材做成的甜點。

🏠 金澤市野町2-26-1　☎ 076-244-2424
🕘 10:00～17:00　㊡ 週二（遇假日營業）🚃 公
車站廣小路站步行3分鐘　🚗 8台
西茶屋街　▶MAP P.8 A-3　→P.45

能登大納言紅豆湯
880日圓

碳烤的麻糬焦香可口。

→P.45

La・KuGaN（可可）
540日圓

招牌商品的梅花型可
可風味小落雁。

西茶屋街
MAP

水藍色牆壁為特徵的洋
房「西檢番事務所」
（國家登錄有形文化資
產）也是有可看性的景
點之一。

片町

野町廣小路
寺町

D 西茶屋街
A-E 　**B**
C 西檢番事務所

適合當
伴手禮！

E 酥脆的餅乾盡快品嘗

mame nomanoma
マメ ノマノマ

位於甘納豆「河村」隔壁
的外帶專賣店。販售「賞
味期限6分鐘」的最中餅和
飲料等，散步途中可輕鬆
品嘗。

🏠 金澤市野町2-24-7
☎ 076-282-7000　🕘 9:30～
16:30　㊡ 每月第1個週二
🚃 公車站廣小路站步行3分
鐘　🚗 無
西茶屋街
▶MAP P.8 A-3

鹽豆沙冰淇淋
400日圓

享受最中餅的酥脆口感
要在6分鐘內吃完！

感受武家文化！
到長町武家屋敷遺跡穿越時空

在保留江戶時代氛圍的長町武家屋敷遺跡，推薦悠閒散步，到處逛逛。
也可以去咖啡館小憩一會，享受逛街的樂趣！

What is
武家屋敷
從前武士居住的宅邸。
以長町武家屋敷為首的
金澤武家屋敷，如今是
市民生活的居所，也有
庭園美麗的宅院。

充滿城下町
的風情！

古意盎然的
石板路延伸

土牆
冬季為保護土牆不受積
雪毀損，會進行覆蓋稻
草的「薦掛」作業。

仍保留抵禦外敵入侵的死巷和
逃生路徑。

請教觀光導覽志工
「Maidosan」！

注意街景的特點

感受歷史的區域
長町武家屋敷遺跡
ながまちぶけやしきあと

藩政時代加賀藩中階武士集居
區域。現在有些地方重現武家
屋敷的庭園，木板屋頂和長屋
門的街景傳達出當時的氣氛。

 金澤市長町　☎〔觀光諮
詢〕076-232-5555（金澤市觀
光協會）⊛ⓕ自由散步　⊗
公車站香林坊站步行5分鐘　ⓟ
長町觀光停車場20台
長町武家屋敷遺跡 | MAP P.8 B-1
→P.13

❶ 埋石
在經常下雪的金澤，用來
去除卡在木屐齒的積雪或
繫馬。武家屋敷的路邊還
保留幾顆這樣的石頭。

❷ 新家邸長屋門
格子狀的「武者窗」是特
徵，設置在門邊可監視外
頭。窗子全面向道路開
啟。

❸ 戶室山的石頭
利用石頭耐嚴寒、耐火燒
的特性，自藩政時代起，
用來建造金澤城的石牆或
武家屋敷的土牆基石。

驚人的豪華內部裝潢！

配置了曲水與古木的庭園在國際上也獲得高評價。

宅邸與庭園美得令人嘆為觀止。

奢侈的時光…！

品嘗抹茶度過靜心時間。

讓人靜心的武家屋敷遺跡

武家屋敷遺跡 野村家

ぶけやしきあと のむら

到廢藩為止一直是野村家的風雅武家屋敷，而後北前船時代移建了部分富商的宅邸。從數寄屋建築的茶室、曲水和庭園到種種文獻資料，可感受歷史的軌跡。

🏠 金澤市長町1-3-32　☎ 076-221-3553　🕗 8:30～17:30（10～3月～16:30）
※最後入館各30分鐘前　🈺 12月26-27日、1月1-2日　💴 550日圓　🚃 公車站香林坊站步行5分鐘　🚗 6台
長町武家屋敷遺跡　▶MAP P.8 B-1

値得關注！ *Cafe* ✨

糕餅老店的可愛甜點

和菓子村上 長町店

わがしむらかみ ながまちてん

創始於昭和44年（1911）的糕點店增設的咖啡館，提供以五感享受的甜點。

🏠 金澤市長町2-3-32　☎ 076-264-4223　🕗 10:00～16:30（週六、日、假日～17:00）　🈺 不定　🚃 公車站香林坊站步行5分鐘　🚗 無
長町武家屋敷遺跡　▶MAP P.8 B-1
→P.44

舊診所改建成咖啡館

MORON CAFE

モラン カフェ

咖啡館內放置著古董家具有如置身國外的氣氛。不僅供應甜點，也可以吃早餐。

🏠 金澤市長町2-4-35　☎ 076-254-5681　🕗 9:00～18:00　🈺 週二　🚃 公車站香林坊站步行5分鐘　🚗 2台
長町武家屋敷遺跡　▶MAP P.8 B-1

鬆軟紅豆的日式甜點極品

甘味處 金花糖

あまみどころ きんかとう

細心炊煮丹波大納言紅豆製成蜜豆冰、紅豆湯等的甜點皆極品。

🏠 金澤市長町3-8-12　☎ 076-221-2087　🕗 12:00～傍晚　🈺 週二、三（遇假日營業）　🚃 公車站香林坊站步行12分鐘　🚗 4台
長町武家屋敷遺跡　▶MAP P.8 A-1

賞庭園吃甜點休息一下

茶菓工房太郎 鬼川店

さかこうぼうたろう おにかわてん

以新潮且具獨創性的日式糕點享有盛名。在附設的茶館可品嘗抹茶和上生菓子（700日圓）。

🏠 金澤市長町1-3-32　☎ 076-223-2838　🕗 8:45～17:30　🈺 全年無休　🚃 公車站香林坊站步行5分鐘　🚗 8台
長町武家屋敷遺跡　▶MAP P.8 B-1
→P.44

値得關注！ *Shopping* ✨

享受簡單的味道

和菓子村上 長町店

わがしむらかみ ながまちてん

金澤老店師傅精心製作的日式糕點具有高風評，黑糖袱紗餅和割冰都很受歡迎。

🏠 金澤市長町2-3-32　☎ 076-264-4223　🕗 10:00～16:30　🈺 不定　🚃 公車站香林坊站步行5分鐘　🚗 無
長町武家屋敷遺跡　▶MAP P.8 B-1

袱紗餅
5個裝1485日圓

割冰
5個裝1512日圓

原創的花紋！

融入日常生活的九谷燒

本田屋食器店

ほんだやしょっきてん

販售日常生活使用的日式餐具和雜貨。款式多樣、各具特色的手巾也很受歡迎。

🏠 金澤市長町1-3-8　☎ 076-221-1250　🕗 10:00～18:00　🈺 週二　🚃 公車站香林坊站步行5分鐘　🚗 無
長町武家屋敷遺跡　▶MAP P.8 B-2
→P.64

🌿 推薦也可以去「金澤市足輕資料館」看看，了解加賀藩的生活！

📷 TOURISM

兼六園・金澤21世紀美術館

東茶屋街

西茶屋街・長町・香林坊

金澤市郊外

金澤旅宿

能登

散步行程更加分！

到瀞通跟上流行趨勢

路如其名，有河水流過的瀞通不僅有當地人也喜愛的名店，
咖啡館和雜貨店林立，非常適合散步！隨處悠閒逛逛吧！

想悠閒散步

香林坊後邊的道路

當紅的話題景點

好多時尚店家！

瀞通
せせらぎどおり

鞍月用水沿岸的道路，聚集了許多受
矚目的人氣商店。有些名店連當地人
也愛光顧，能嘗到不分國籍、各種類
型的美食。不少店家營業到夜晚。

🏠 金澤市長町～香林坊 🕐 隨店家而
異 🚌 公車站香林坊站可到
〔瀞通〕 ▶MAP P.8 B-2

美如畫的景點

🌸 How to

瀞通的
玩法

在雜貨店買到紀念品後，可
到岸邊的時尚餐飲店度過悠
閒時光，或是探訪幾家不同
的咖啡館也不錯！

鞍月用水
藩政初期起滋潤市民
生活400年的水渠。

改造老舊建築的店家
值得一看。

愛書人士必訪

時尚的二手書店

 慢慢尋找喜歡的舊書

Oyoyo書林 瀞通店
オヨヨしょりん せせらぎどおりてん

改造大正時期的建築成為舊書店。
從文藝書籍到繪本，各種領域的書
籍應有盡有，一定能找到你喜歡的
書！

🏠 金澤市長町1-6-11 ☎076-255-0619
🕐 13:00～19:00 ❌ 週一 🚌 公車站
香林坊站步行7分鐘 🚗無
〔瀞通〕 ▶MAP P.8 B-1

書架上成排的書
籍卡分壯觀。

忘卻時間
的流逝…

TOURISM

兼六園・金澤21世紀美術館

東茶屋街

西茶屋街・長町・香林坊

金澤市郊外

金澤旅宿

能登

B 逛街吃甜點稍事休息
眼鏡的店Mito
めがねのおみせ ミト

店裡販售店長嚴選的時尚眼鏡和眼鏡周邊商品。附設的咖啡館也供應特製的甜點和飲料。

⌂ 金澤市香林坊2-12-10 潺通 Passage 1-C ☎ 076-263-8823
⏰ 11:00〜18:30 週三 ⚌ 公車站香林坊站步行3分鐘 🚗 無
潺通 ▶MAP P.8 B-1

咖啡館的甜點每日更換！

大人和小孩的眼鏡應有盡有。

眼鏡和咖啡都好可愛！

融入街景的可愛黃色建築。

Mito的自製布丁（附飲料的套餐）950日圓起〜

時尚的空間 宛如置身歐洲！

店裡的擺設時常更換。

潺通 MAP

香林坊店限定的巧克力「尼可龍」使用石川縣食材。

嚴選食材的巧克力

C 入口即化的生巧克力
Saint Nicolas香林坊店
サンニコラ こうりんぼうてん

在金澤擁有3家分店的巧克力專賣店。巧克力講求入口即化的滑順口感和風味，另有蛋糕也很受歡迎。

⌂ 金澤市香林坊町2-12-24
☎ 076-264-8669 ⏰ 11:00〜19:00 週三、每月第3週二 ⚌ 公車站香林坊站步行3分鐘 🚗 無
潺通 ▶MAP P.8 B-1

野村家
長町武家屋敷遺跡

近江町市場
百萬石大道
香林坊東急廣場

D 忍不住慢慢逛
SKLO room accessories
スクロ ルーム アクセサリーズ

店主親自走訪捷克、德國等中歐國家，採購骨董雜貨和家具的選品店。

⌂ 金澤市香林坊町2-12-35 ☎ 076-224-6784 ⏰ 12:00〜19:00 不定 ⚌ 公車站香林坊站步行2分鐘 🚗 無
潺通 ▶MAP P.8 B-2

放鬆身心的香氛專賣店

全部都想逛！

E 挑選喜歡的香味
AROMA香房焚屋
アロマこうぼうたくや

線香和芳香療法的專賣店。熟知線香歷史、原料的香司和芳療師會從約1000種的產品中，為顧客挑選適合的香氛。

⌂ 金澤市長町1-2-23 ☎ 076-255-6337 ⏰ 11:00〜18:00 週二（遇假日營業）⚌ 公車站香林坊站步行2分鐘 🚗 無
潺通 ▶MAP P.8 B-2

友禪花紋的香袋「小香」適合當伴手禮。

也有百萬石生的圖案

好多個性派店家

走訪復古的新竪町商店街！

即使初次來到新竪町商店街，復古的氣氛讓人心生懷念。
在時間悠悠流過的商店街，隨性散步＆購物吧！

✿ Why

小小的商店街為什麼受矚目？

彷彿回到昭和時代的懷舊商店街，陸續出現時尚的店家。新舊共存的獨特氣氛就是受矚目的原因！

不可思議的魅力
洋溢著商店街

那家店也令人好奇

感受獨一無二的氣氛，隨意漫步好有趣。

懷舊又創新的商店街

新竪町商店街

しんたてまちしょうてんがい

原本是古美術品和古董店聚集的街道，過去稱為「古董通」。現在有不少老房子重新改造成商店或咖啡館等，許多個性派業者進駐。

⌂ 金澤市新竪町 ⏰ 隨店家而異 🚌 公車站片町站步行10分鐘
[新竪町] ▶ MAP P.8 C-3

拱門歡迎貴賓光臨！

商店街入口處的拱門充滿復古氣氛。

逛街途中輕鬆喝一杯

Parlour kofuku

週末白天可飲酒的小酒館。供應適合配啤酒或葡萄酒的下酒菜，自製煙燻料理和醃鰻魚等，還有義大利麵等餐食。

1000日圓

3種下酒菜＋飲料的套餐。

小而美的溫馨氣氛也是魅力。

⌂ 金澤市新竪町3-118 ☎ 076-221-7757 ⏰ 17:00～23:00（週六、日、假日15:00～） 🈵 週一、二 🚌 公車站片町站步行10分鐘 🅿 無
[新竪町] ▶ MAP P.8 C-3

✿ How to

新竪町商店街的玩法

感受著商店街的氣氛，到有趣的店家購物或享受咖啡時光。商店街的橫向通道也有商店，不妨在周邊隨意逛逛。

TOURISM

兼六園・金澤21世紀美術館

東茶屋街

西茶屋街・長町・香林坊

金澤市郊外

金澤旅宿

能登

你喜歡什麼蔬菜？

職人製作的原創飾品

KiKU
キク

雕金師竹俁勇壱的工作室兼商店。除原創飾品外，也販售餐具等生活用品。

🏠 金澤市新竪町3-37 ☎ 076-223-2319 🕚 11:00～20:00（週二採預約制）🈺 週三 🚌 公車站站片町站步行10分鐘 🚗 無
新竪町 ▶ MAP P.8 C-3

一個個精心製作的獨創首飾。

接受婚戒等訂製飾品的委託。

設計新潮的拿鐵咖啡杯。

〈500日圓〉

超人氣的湯姆貓與傑利鼠起司蛋糕。

〈650日圓〉

色彩鮮豔的時令鮮蔬

八百屋松田久直商店
やおやまつだひさなおしょうてん

直接與客人面對面販售加賀蔬果，店裡的廚房每天現做不同的熟食和手工果醬，也值得推薦！

🏠 金澤市新竪町3-104 ☎ 076-231-5675 🕚 8:30～17:00 🈺 週日、假日 🚌 公車站片町站步行10分鐘 🚗 2台
新竪町 ▶ MAP P.8 C-3

蔬菜可少量購買，也可商量寄送。

wow!

道地的濃縮咖啡香醇美味

ESPRESSO BAR Kesarapasaran
エスプレッソ バー ケサランパサラン

濃縮咖啡可選兩種不同咖啡豆沖泡，滋味香醇。還有拿鐵、卡布其諾等品項，皆以濃縮咖啡為基底。

🏠 金澤市新竪町3-17-3 ☎ 080-3743-6801 🕚 8:30～17:00 🈺 週一、五 🚌 公車站片町站步行10分鐘 🚗 無
新竪町 ▶ MAP P.8 C-3

來尋寶看看！

國外的精選雜貨琳瑯滿目

benlly's & job
ベンリーズ アンド ジョブ

主要販售店主在工房製作的原創皮件的手工藝品店。也可輕鬆向店家諮詢保養皮件的方法。

🏠 金澤市新竪町3-16 ☎ 076-234-5383 🕚 11:00～19:00 🈺 週二、三 🚌 公車站片町站步行12分鐘 🚗 1台
新竪町 ▶ MAP P.8 C-3

出去玩 好想掛著

讓拍照更愉快的相機帶。

〈4400日圓〉

還裡也 Check!

廣泛介紹室生犀星的作品、生平與交友等。

文豪犀星的世界與魅力

室生犀星記念館
むろおさいせいきねんかん

金澤三大文豪之一室生犀星的故居改造成紀念館。展出他的親筆原稿和遺物，也能聽到本人朗讀的詩篇。

依年代展示全部著作的封面。

🏠 金澤市千日町3-22 ☎ 076-245-1108 🕚 9:30～17:00 🈺 週二（遇假日休隔天平日）、換展期間、年終元旦 🈺 310日圓 🚌 公車站片町站步行6分鐘 🚗 4台
新竪町 ▶ MAP P.8 A-3

室生犀星記念館的庭園是仿造犀星生前喜愛的庭園。水缽和石塔曾實際置於他的庭園。

好想一家接一家吃！

夜訪片町美食！

片町周邊是金澤最繁華的鬧區，也是美食激戰區。
木倉町、潤通有許多人氣日式餐廳和個性派名店。

人氣餐點

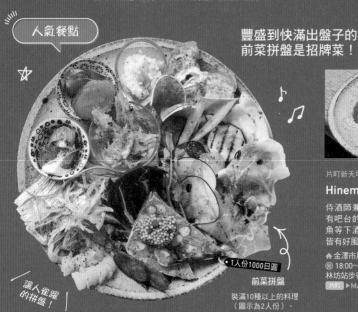

豐盛到快滿出盤子的
前菜拼盤是招牌菜！

1人份1000日圓

前菜拼盤

裝滿10種以上的料理
（圖為為2人份）。

讓人雀躍
的拼盤！

片町新天地的義大利餐酒館

Hinemos

侍酒師兼品酒師的店主經營一家只
有吧台的餐酒館。含肉餅、香料醃
魚等下酒菜的前菜拼盤和義大利麵
皆有好風評。

🏠 金澤市片町2-3-22　☎ 090-2838-5893
🕘 18:00～24:00　休 週一　Ⓟ 公車站香
林坊站步行6分鐘　🚗 無
片町 ▶ MAP P.8 B-2

在時髦的店裡
同時享受料理與甜點！

人氣餐點

660日圓

綜合莓果蘇打等
的可愛系飲料豐富

開在地下室的店
時髦的咖啡館&餐廳

Underground Table
アンダーグラウンドテーブル

2022年2月1日新開張，講求工
夫的披薩和巧克力蛋糕很受歡
迎。晚餐時段也可以點甜點。

🏠 金澤市片町1-4-18 TALK 立町大廈
B1F　☎ 076-210-4900　🕘 11:30～
16:00、18:00～23:00　休 週三、每
月第1、3、5個週二　Ⓟ 公車站片町
站步行1分鐘　🚗 無
片町

1 瑪格麗特披薩的320日圓。2 自
己淋巧克力醬的濃厚巧克力蛋糕
880日圓

人氣餐點

品味香料與葡萄酒的人氣店

樂華與滿月與葡萄酒
ルロワとまんげつとワイン。

以日式食材為主，提供以香草和香辛料烹調的無國籍料理。自己熬高湯炊煮的砂鍋雞肉飯也很受歡迎！

🏠 金澤市片町2-12-18 ZOINE大樓1F
☎ 076-214-7221　🕐 18:00～22:00
📅 週一　🚗 公車站香林坊站步行3分鐘　🚫 無
片町 ▶MAP P.6 A-1

檸檬鹽雞肉餃子

米粉做的彈牙餃子皮包著雞胸肉和雞頸肉。

添加香辛料的甜點也是極品！

• 1500日圓

人氣餐點

兩位女店主經營的義大利餐廳

scala
スカラ

可像朋友輕鬆光顧的人氣店。葡萄酒種類豐富，「番茄燉牛雜」是這裡的必吃料理。

🏠 金澤市木倉町2-5 2F　☎ 076-256-0406　🕐 18:00～24:00（最後點餐23:00）　📅 週二、每月第1個週三　🚫 無
片町 ▶MAP P.6 A-2

香濃起司義大利麵

使用生麵的超濃純義大利麵（價格可能有變動）。

不知點什麼好的話，先來一盤前菜綜合拼盤吧！

人氣餐點

發揮食材原味的串燒和單品料理

木倉町Kusamura
きぐらまち クサムラ

肉類和蔬菜組合成創意串燒及單品料理的餐廳。適合配酒的碳烤菜單也不可錯過！

🏠 金澤市木倉町2-8　☎ 076-213-5330　🕐 17:00～24:00　📅 週四、每月第1、3個週二　🚗 公車站香林坊站步行3分鐘　🚫 無
片町 ▶MAP P.8 B-2

• 220日圓起

蔬菜捲串燒

視覺和味覺都愉悅，健康有人氣。

有自製水果沙瓦等，飲料品項豐富！

⊕ CHECK

美味名店林立！
內行人才知道的在地景點

酒酣耳熱，大家都興致高昂！

木倉町是金澤代表性的飲食街。從當地人常去的美味日式料理，到個性派美食、酒吧應有盡有，不妨應吃吃看！

簡稱「Yakiyoko」的懷舊美食街

串燒橫丁
やきとりよこちょう

金澤數一數二的酒館街。只有吧台座位的小店密集，是超級在地的景點。

🏠 金澤市木倉町6-4
🚗 公車站香林坊站步行3分鐘
片町 ▶MAP P.8 B-2

米其林星級肯定的小料理店、起司漢堡獲得高人氣的西式餐廳等，眾多實力派店家匯聚。

位於片町正中央充滿昭和情懷的攤販街

中央味食街
ちゅうおうみしょくがい

狹窄巷弄裡擠了約20多家小店，可體驗金澤次文化的懷舊老街。每家店都是小坪數，只有幾個座位。

🏠 金澤市片町2-13-8
🚗 公車站片町站步行2分鐘
片町 ▶MAP P.8 B-2

像「燒肉阿新」等店名親切、料理不設限的餐廳讓人想連吃2、3家。

位於金澤市鬧區片町2丁目的「新天地飲食街」也是內行人才知道的景點，可探訪看看金澤的不夜城。

約70間神社寺院集結在此！
前往寺町感受歷史

離西茶屋街不遠的寺町周邊，留下許多神社佛寺的古蹟。
暱稱「W坡」的鋸齒形階梯一帶也很有看頭！

◉ Where

外表看起來是2層樓，其實是4層樓！

別名「忍者寺」的風雅古剎

參觀忍者寺的機關
建築裡到處都有保護藩主的巧妙機關！

茶室
通道盡頭有間無法揮刀的茶室！

陷阱
機關設計成家臣可攻擊跌落陷阱的敵人。

隱藏樓梯
拆開儲藏室門下方的地板，出現一道往下的樓梯。

好看又美味的華麗懷石料理。
B

從美麗的庭園能飽覽金澤市區。
C

必看別館的群青之間。
D

A 參觀江戶時代的防禦術！

妙立寺
みょうりゅうじ

加賀藩主前田家相關的寺院。在本堂的一隅，有主公專用的隱密祭壇，拆開地板也出現陷阱和逃生梯，光是參觀複雜的建築構造就很有趣。

🏠 金澤市野町1-2-12 ☎ 076-241-0888 🕘 9:00~16:00（※須預約）💴 1200日圓 🚌 公車站廣小路站步行2分鐘 🅿 無
西茶屋街 ▶MAP P.8 A-3

B 觀賞日本庭園享用懷石午餐

仁志川
にしかわ

一邊觀賞庭園的四季之美，享用大量加賀蔬菜和海鮮製作的金澤傳統懷石料理。中午限定的御膳菜單可輕鬆品嘗高檔料理的滋味，深獲好評。

🏠 金澤市寺町3-5-18 ☎ 076-241-0111 🕘 11:30~14:00、17:00~21:00 🈺 週三 🚌 公車站寺町3丁目站步行2分鐘 🅿 12台
西茶屋街 ▶MAP P.3 E-3

C 受英國影響、風光明媚的庭園

辻家庭園
つじけていえん

加賀藩的家臣橫山家從明治時代到大正初期建造的名園。如入深山幽谷，相傳是近代日本庭園的先驅第7代小川治兵衛所設計。以青金石粉末塗成的群青之間也是絢爛華麗！

🏠 金澤市寺町1-8-48 ☎ 076-201-1124 🕘 11:00~17:00（冬天~18:00）🈺 週二、三 💴 500日圓 🚌 公車站寺町2丁目站步行3分鐘 🅿 60台
寺町 ▶MAP P.9 E-2

D 有藝伎陪侍宴席的茶屋

料亭 華之宿
りょうてい はなのやど

自文政3年（1820）加賀藩准許興建西茶屋街時就存在的建築。入夜後，請來藝伎款待宴席的座上賓，上午時段作為茶館營業。

🏠 金澤市野町2-24-3 ☎ 076-242-8777 🕘 10:00~中午前 🈺 不定 💴 300日圓（附咖啡）🚌 公車站廣小路站步行3分鐘 🅿 無
西茶屋街 ▶MAP P.8 A-3

TOURISM

兼六園・金澤21世紀美術館

東茶屋街

西茶屋街・長町・香林坊

金澤市郊外

金澤旅宿

能登

這裡也不容錯過！

還有值得一看的SPOT

散步時也可逛逛人氣麵包店和酒吧。

歡迎光臨！

無花果與核桃的鄉村麵包（半條）740日圓

SPOT 1 與當地人氣店攜手合作「結合地方的企畫麵包」大受歡迎！

草莓與木莓的果醬麵包240日圓。

方方正正的形狀很可愛

使用「茶菓工房太郎」的紅豆沙為餡料。

太郎的紅豆麵包310日圓

寺町街轉角處的小麵包店

坂之上烘培坊
さかのうえベーカリー

店裡宛如藝廊般陳列著麵包。夾了自製花生醬的麵包，還有與在地糕點店合作的「太郎的紅豆麵包」是必吃！

🏠 金澤市寺町3-2-27 ☎ 080-4255-1595 🕘 9:00～15:00 🈺 週一、二 🚃 公車站寺町3丁目站即到
🚗 2台　西茶屋街　▶MAP P.3 E-3

SPOT 2 稍微奢侈一下，城下町的酒吧

視覺也令人陶醉♥

當季水果雞尾酒
1400日圓起

「酒吧的蛋包」和酒類飲品一樣高人氣！

廣坂高球雞尾酒880日圓

當季水果雞尾酒很受歡迎的隱密酒吧

漱流
そうりゅう

蒐集了世界各地的酒類，尤其是威士忌超過40種。使用當季水果調製的雞尾酒相當受女性歡迎。

🏠 金澤市新堅町12-2 ☎ 076-261-9212 🕘 18:00～翌日3:00（週日、假日～翌日2:00）🈺 不定 🚃 公車站片町站步行5分鐘
片町　▶MAP P.6 B-3

Highball很受歡迎，高級玩家和初學者都可以享受

廣坂Highball
ひろさかハイボール

在當地營業超過30年的知名酒吧。使用蘇格蘭威士忌調製的招牌飲品「廣坂高球雞尾酒」口感清爽俐落。

🏠 金澤市柿木畠4-9 2F ☎ 076-265-7474 🕘 18:00～24:00（週日15:00～23:00）
🈺 週一 🚃 公車站香林坊站步行6分鐘
片町　▶MAP P.6 B-3

調酒師的雞尾酒是極品！

Genroku-玄六-
1300日圓

改造古民宅的沉靜空間

洋酒雞尾酒 中村堂
ようしゅカクテル なかむらどう

一整片原木打造的吧台魅力十足，2樓還有能眺望河川的和室包廂。使用自製糖漿等材料調出講究的雞尾酒，不妨來一杯吧！

🏠 金澤市片町1-8-25 ☎ 076-263-3838 🕘 18:00～翌日2:00 🈺 週日（遇連假休最後一天）🚃 公車站片町站步行3分鐘 🚗 無
片町　▶MAP P.8 B-3

🌿 香林寺又稱為「許願寺」，相傳只要在庭園走2圈幸福之路，再參拜自己的生肖和開運不動明王，就能實現願望。

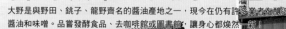

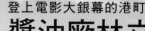

TOURISM 20

登上電影大銀幕的港町

醬油廠林立前，往發酵與書的城市，大野＆金石

大野是與野田、銚子、龍野齊名的醬油產地之一，現今仍有許多業者在釀造醬油和味噌。品嘗發酵食品、去咖啡館或圖書館，讓身心都煥然一新！

北陸第一的醬油產地！

> 醬油廠裡好多令人興奮不已的事物！

發酵

體驗麴菌魅力的發酵園區！

大和糀園區（大和醬油味噌）

ヤマトこうじパーク（ヤマトしょうゆみそ）

老字號的醬油製造商「大和醬油味噌」以「一湯一菜一發酵」為核心概念，經營的主題園區。可體驗發酵的飲食文化與麴菌的力量。

🏠 金澤市大野町4-イ170 ☎ 076-268-5289 🕙 10:00~17:00 週三 🚌 公車站大野站步行5分鐘 🚗 30台

金澤市郊外 ▶MAP P.9 D-1

✿ **What is**

糀園區的看頭

參觀、體驗、玩樂、感受發酵一整天的美味景點。

發酵美人食堂
可品嘗熟成糙米烹調的午餐！

米與花
運用發酵技術的起司蛋糕專賣店登場！

醬藏
有醬油、味噌等各式各樣的調味料。

糀園區行程
糀手湯、製作味噌球等，體驗活動豐富！

伴手禮

蛋糕套餐每週更換

今日蛋糕套餐（起司蛋糕）880日圓

海邊的禮品店！

Hohoho座金澤

ホホホ座かなざわ

重新翻修佇立河畔的鐵工廠，店裡販售Hohoho座的相關書籍和藝術設計商品，附設咖啡館空間。

🏠 金澤市大野町3-51-6 ☎ 076-255-2038 🕙 13:00~17:00 週日、一 🚌 公車站大野港站即到 🚗 5台

金澤市郊外 ▶MAP P.9 D-1

世界最美的公共圖書館之一

金澤海未來圖書館

かなざわうみみらいとしょかん

Coelacanth K&H所設計的圖書館，廣受海內外矚目。館內光線柔和，建築迷必訪！

🏠 金澤市町イ1-1 ☎ 076-266-2011 🕙 10:00~19:00（週六、日、假日~17:00）週三（遇假日開館）、特別整理期間 免費 🚌 公車站金澤海未來圖書館前站可到 🚗 100台

金澤市郊外 ▶MAP P.9 D-2

圖書館

> 外牆有約6000個圓窗的嶄新設計！

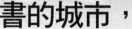

→P.17

大野、金石

藩政時期金澤的外港，有北前船停靠，也是錢屋五兵衛（海運商人）活躍的地區。城鎮保留了濃濃的歷史色彩。

ヤマト醬油味噌

發酵大國

金澤其實也是

料多多的味噌湯好暖心

味噌湯食堂空味噌 金石店
おみそしるしょくどうそらみそ かないわてん

以金石港捕獲的海鮮、時令蔬菜和當地味噌為食材的味噌湯店。飯團有「河豚卵乳酪起司」等餡料，別具特色。

🏠 金澤市金石西1-2-15 coccolle kanaiwa裡
☎ 076-256-5207 🕚 11:00～16:00（週日9:00～）
🈺 週三 🚌 公車站金石站步行6分鐘 🚗 12台
金澤市郊外 ▶ MAP P.9 D-1

〔發酵〕

大塊蔬菜為配料的豬肉味噌湯「港都之湯」。

自家煎焙的金棒茶專賣店

Ten riverside
テン リバーサイド

以手沖和虹吸式2種沖泡方法供應金石自古傳承的「金棒茶」。咖啡館位於河邊，景色也很優美。

🏠 金澤市金石西1-14-1 ☎ 076-213-5117
🕚 11:00～最後點餐16:30（週日10:00～）
🈺 週三、四 🚌 公車站金石站步行5分鐘
🚗 4台
金澤市郊外 ▶ MAP P.9 D-1 →P.59

〔金棒茶〕

以虹吸式沖泡出香醇溫潤的滋味。

從大窗子可看見外面河川，充滿開闊感！

〔發酵〕

「醬油霜淇淋」吃起來像焦糖風味。

改造醬油釀造廠的咖啡館

諸味藏
もろみぐら

實際使用過的醬油釀造廠改造為藝廊咖啡館。醬油的桶子變成店裡的桌椅，十分別致。

🏠 金澤市大野町2-39 ☎ 076-267-6638
🕚 11:00～18:00（週六、日、假日10:00～）
🈺 週三 🚌 公車站桂町東站步行5分鐘 🚗 20台
金澤市郊外 ▶ MAP P.9 D-1

因「直源醬」廣為人知的醬油釀造廠

醬油處・直江屋源兵衛
しょうゆどころ・なおえやげんべい

廣受金澤庶民喜愛的滋味「直源醬油」。利用熟成應用的釀造廠改造成咖啡館，可品嘗醬油做的甜點。

🏠 金澤市大野町4-16 ☎ 076-268-1300 🕚 10:00～17:00 🈺 週三 🚌 公車站桂町東站步行5分鐘
🚗 10台
金澤市郊外 ▶ MAP P.9 D-1

附醬油餅乾

醬油甜點套餐550日圓。

除了醬油，沙拉醬、酸橘醋等調味料也大受好評！

〔市場〕

如果想以便宜的價格買魚，建議一大早上就來魚市購買！

剛捕獲競標的成排鮮魚！

金澤港活跳跳魚市
かなざわこういきいきうおいち

近郊漁港捕獲新鮮海產的集散魚市，加賀螃蟹、黑喉魚、岩牡蠣、甜蝦等嚴選海鮮，皆以漁夫直營的價格販售！

🏠 金澤市無量寺ヲ52 ☎ 076-266-1353
🕘 9:00～16:00 🈺 週三 🚌 公車站金澤港遊艇總站步行5分鐘 🚗 100台
金澤市郊外 ▶ MAP P.9 D-1

🧑‍🍳 大野醬油的口味介於關東的濃厚與關西的清淡之間，用來滷魚剛好，長年受市民喜愛。

話題正熱的旅宿設施增加中！

讓人想住一晚的民宿＆旅館

不光是輕奢華的飯店或溫泉旅館，新型態的飯店或民宿也陸續登場！
像在這裡生活一樣，好好享受金澤之旅吧！

1室 2萬日圓起 ・ **適合下雨滋潤的金澤**

滿滿享受雨天的巧思

雨庵 金澤
うあん かなざわ

以希望旅客「品味金澤的雨天風情」的心意命名。限定客房數，確保寬敞自在的空間。大廳也展示著傳統工藝和藝術作品，值得一賞。

🏠 金澤市尾山町6-30　☎076-260-0111
🚌 公車站武藏辻・近江町市場站步行5分鐘
🚗 無
近江町市場周邊 ▶MAP P.4 C-3

價格 雙床客房2萬日圓起
IN 15:00　OUT 11:00

◆ 推薦方案

附早餐方案（1室25500日圓起）

1 裝潢採日式摩登風格，客房皆附衛浴。2 大廳「晴之間」。3 大廳可隨時享用加賀棒茶。

1室 25300日圓起 ・ **金澤的幽靜後花園，令人安心放鬆 ♥**

可享受奢華溫泉的成人度假勝地

金澤湯涌溫泉 百樂莊
かなざわゆわくおんせん ひゃくらくそう

分為度過特別一日的「別邸-神樂 KAGURA-」及以「美的悸動」為主題的「本館-彩心IROHA-」。在兩種風格相異的空間，盡情享受泡湯。

🏠 金澤市湯涌荒屋町67-1　☎076-235-1110
🚌 公車站湯涌溫泉站步行2分鐘　🚗 25台
湯涌溫泉 ▶MAP P.2 B-3

價格 本館彩心一般客房25300日圓起
IN 15:00　OUT 11:00

◆ 推薦方案

客房服務方案（28600日圓起）可與伴侶享受不受打擾的兩人時光。

1 以藍色為裝潢基調的「彩心」客房（一例）。2 個人露天浴池有夢幻的光影和霧氣療癒身心。3 品嘗日式的迎賓午茶。

TOURISM

兼六園・金澤21世紀美術館

東茶屋街

西茶屋街・長町・香林坊

金澤市郊外

金澤旅宿

能登

（《 時尚的改造型旅館也要Check！ 》）

1室 15600日圓起

把金澤傳統文化帶向未來的旅館

KUMU 金澤 by THE SHARE HOTELS
クム かなざわ バイザ シェア ホテルズ

在附設的咖啡館品嘗抹茶！

以接觸金澤傳統文化的場域為理念，傳達「禪」與「茶湯」的精神，空間設計摩登又洗練。

⌂ 金澤市下堤町2-40 ☎ 076-282-9600 ⊗ 公車站南町・尾山神社站即到 🚗 無
近江町市場周邊
▶ MAP P.4 B-3

所有客房都是套房型，適合團體客或家庭出遊！

價格 BUNK型15600日圓起　IN 15:00　OUT 10:00

1室 2萬日圓起

以舒適的空間支持金澤旅行

KANAME INN TATEMACHI
カナメ イン タテマチ

所有客房都使用席夢思床墊。

主要觀光景點都在徒步範圍內，便於觀光。為求舒適的休息，客房特色是注重簡約。

⌂ 金澤市堅町41 ☎ 076-208-3580 ⊗ 公車站香林坊站步行6分鐘 🚗 無
片町 ▶ MAP P.6 A-3

蒐集世界各地唱片的酒吧！

價格 雙床房1萬日圓起　IN 15:00　OUT 11:00

1室 6000日圓起

度過居家生活般的時間

LINNAS Kanazawa
リンナス カナザワ

簡約的空間適合長期住宿。

從單人房到團客房，各種房型齊全。備有公共廚房和個人三溫暖，很有吸引力。

⌂ 金澤市尾張町1-2-8 ☎ ⊗ 公車站武藏辻・近江町市場站步行5分鐘 🚗 無
近江町市場周邊 ▶ MAP P.4 C-2

金澤生活的美好提案♪

價格 單人房6000日圓起　IN 15:00　OUT 10:00

1棟 27900日圓起

以適合自己的大小享受金澤的包棟民宿

INTRO玉川
イントロたまがわ

約有125年歷史的樑橫貫二樓的和室。

有廚房能自己下廚或大夥一起睡在大通鋪上，想重溫畢業旅行的感覺，就住這裡！

⌂ 金澤市玉川町12-17 ☎ 076-255-3736（10:00～20:00）⊗ JR 金澤車站步行9分鐘 🚗 無
近江町市場周邊 ▶ MAP P.4 A-2

改造古民房成為一天限定一組客人的民宿！

價格 1棟27900萬日圓起（2人以上入住）　IN 16:00　OUT 11:00

1室 3900日圓起

眺望清澈犀川的水岸飯店

HOTEL SARARASO
ホテル サララソ

小巧舒適的空間。

不論觀光或商務，針對各種旅行目的的房型齊全，全館皆為河景房，可度過宜人的留宿時光。

⌂ 金澤市榮川1-1-8 ☎ 076-254-5608 ⊗ 公車站猿丸神社前站步行7分鐘 🚗 5台
金澤市郊外 ▶ MAP P.9 F-2

早餐別錯過砂鍋炊飯！

價格 單人房3900日圓起　IN 15:00　OUT 11:00

能登地區

Noto

能登保留著日本的原始風景，有不少風光明媚的景點，也是美食的寶庫，可享用日本海的美食。可從金澤市區開車前往一日周遊。

遊覽能登的 3 個祕訣

01
利用租車，
自由移動

鐵路和公車的班次很少，不太方便，建議開車前往。可在金澤車站周邊租車，利用能登半島的主要道路「能登里山海道」，到穴水町約有90km的路程無交通號誌。

開車享受宜人的兜風。

02
奧能登地區
可乘坐定期觀光巴士

奧能登地區多條道路的路程遙遠，若對自駕感到不安，推薦利用定期觀光巴士。每天從和倉溫泉發車的「能登飛翔號」若有空位，就能搭乘（3300日圓）。

位於奧能登、充滿魅力的見附島。

03
請熟知當地的
計程車司機帶路

羽咋、七尾和中能登地區有「能登正中央觀光導覽計程車」和專營奧能登地區的「noto色彩計程車」等業者，可請熟知能登的司機帶路（小型車5100日圓起，費用可能有變動）。

也許能聽到當地的小道消息。

還有密技！

趁寒冬來能登！

加能螃蟹、真牡蠣或寒鰤魚等食材和充滿情調的雪景，冬季能登的魅力多，有機會看到奧能登的冬季景物「海浪之花」季。

運氣好的話，一定會遇見的！

還有其他玩法！

利用地方線的觀光列車

能登觀光列車「能登里山里海號」行駛於七尾到穴水之間，可從車窗欣賞獲選世界農業遺產的能登山海美景。

悠閒的電車之旅

能登霧島杜鵑花盛開的能登之春

4月下旬至5月中旬是能登霧島杜鵑花的花季，深紅色的花瓣是特徵，會盛開到幾乎看不到葉子。有些私人花園也會舉辦開放參觀的活動。

交通指南

電車

特急電車「能登火號」一天6班次，行駛於金澤車站到和倉溫泉之間。搭JR電車前往能登也很方便。

租車

購買JR車票搭配車站租車的組合方案，可享JR車資優惠，相當推薦。

TOURISM

兼六園・金澤21世紀美術館

東茶屋街

西茶屋街・長町・香林坊

金澤市郊外

金澤旅宿

能登

▶ 範例行程　🕐約9小時／🚗約245km

START→ ① → ② → ③ → ④ → ⑤ → ⑥ → ⑦ → ⑧ → GOAL

| 金澤車站 | 🚗開車110分鐘 | 輪島朝市 | 🚗開車5分鐘 | 輪島切子會館 | 🚗開車15分鐘 | 白米千枚田 | 🚗開車50分鐘 | 大本山總持寺祖院 | 🚗開車30分鐘 | 寺岡風舍富來本店 | 🚗開車10分鐘 | 巖門 | 🚗開車35分鐘 | 道之驛能登千里濱 | 🚗開車10分鐘 | 千里濱 | 🚗開車40分鐘 | 金澤車站 |

外出親近大自然吧

能登 MAP

N
0　10km

白米千枚田 ③
輪島朝市 ① 見附島
輪島切子會館 ②
如藝術般的梯田值得觀賞！
總持寺祖院 ④
能登里山機場
穴水車站
⑤
能登島水族館
能登島
⑥ 巖門
加賀溫泉車站
七尾一本松大道
七尾車站
有許多美味的海鮮
JR七尾線
⑦ 千路車站
千里濱渚濱海公路
⑧
富山灣
罕見可駕車馳騁的海岸

⚠ **注意事項！**

有許多連續彎道！
能登的海岸線有很多大彎道，請小心開車。行經狹窄道路或住宅街道時，放慢速度，安全駕駛。

加油站和便利商店不多
能登大多是寬廣閒靜的地帶，加油站或便利商店為數不多，有遇到時把握補充能量的機會。

---

① 輪島朝市

始於平安時代，每天早上約超過160個攤位並排的早市，供應新鮮的蔬菜、海產、乾貨和珍味等加工食品。
→P.130

② 輪島切子會館

一整年都能感受能登「切子祭典」文化的博物館。館內播放祭典樂聲，展示共30座大小不一的神轎。
→P.131

③ 白米千枚田

面海的斜坡上開墾出超過1000塊梯田。隨季節和時段呈現出不同風貌，尤其是夕陽染紅的黃昏時分，美得令人屏息。
→P.125

④ 大本山總持寺祖院

原為佛教曹洞宗的大本山，建於鎌倉時代。明治時期，本山遷移到橫濱市，至今仍有許多僧侶在此名剎修行。
→P.131

⑤ 寺岡風舍富來本店

想品嘗能登丼等當地美食。在寺岡風舍能享用品牌牛肉或能登牛的牛排。
→P.127

⑥ 巖門

伸向海面的岩盤、因海浪侵蝕形成的洞口，都是大自然鬼斧神工的傑作。可乘坐觀光船近距離感受其魅力。
→P.125

⑦ 道之驛能登千里濱

位於千里濱海岸旁，匯集了商店、餐廳、麵包店等，可買能登或羽咋的特產當伴手禮。
→P.124

⑧ 千里濱渚濱海公路

世界上少有可在浪邊開車的海岸，也可騎摩托車。夏天時泳客如織。
→P.124

享受豐富的大自然！
美景&求良緣的兜風行程！

能登半島的「能登里山里海」登錄為世界農業遺產。
暢遊能風光明媚的名勝和結緣景點，盡情享受壯闊綿延的海岸線！

風景和心情都開闊
沙灘上盡情奔馳！

約**7**小時
環遊能登！

兜風享受日本原始
風貌的自然景觀！

START
金澤車站
🚗 40分鐘

1 千里濱渚濱海公路
🚗 15分鐘

2 氣多大社
🚗 30分鐘

3 巖門
🚗 60分鐘

4 西保海岸
🚗 30分鐘

5 白米千枚田
🚗 120分鐘
GOAL
金澤車站

美景
SPOT

約長達8km的兜風路

1 千里濱渚濱海公路

ちりはまなぎさドライブウェイ

細沙質地因吸飽海水而變堅
硬，所以能開車馳騁於沙灘
上，是天然的兜風道。

🏠 寶達志水町～羽咋市〈觀光諮
詢〉☎ 0767-29-8250（寶達志商
工觀光課）、0767-22-1118（羽
咋市商工觀光課）〔交通諮詢〕
☎ 0767-22-1225（羽咋土木事務
所）　⊗ 能登里山里海道今濱
IC・千里濱IC隨到（可能依天候
管制進入）

羽咋市 ▶MAP P.2 B-2

海洋和天空
好像近在咫尺！

TOURISM

兼六園・金澤21世紀美術館

東茶屋街

西茶屋街・長町・香林坊

金澤市郊外

金澤旅宿

能登

求良緣的能量景點

② 氣多大社

けたたいしゃ

供奉著掌管緣分的神明大己貴命，許多人前來參拜祈求戀愛成功。每月1日舉辦「一日結緣」活動，可免費接受祈福求良緣。

約8km
約15分鐘 🚗

🏠 羽咋市寺家町ク1-1 ☎ 0767-22-0602
㊟ 自由參拜 ㊡ 全年無休 ◎ 能登里山海道柳田IC開車5分鐘 🅿 200台
能登 ▶ MAP P.2 B-2

有21款護身符！

本殿後方有日本國家天然紀念景物「禁入之森」。

約23km
約30分鐘 🚗

據說是海浪侵蝕形成的巨大洞口。

美景 SPOT

斷崖石壁造就的美景

③ 巖門

がんもん

可近距離觀賞海浪侵蝕形成的巨大石拱門。壯觀的景象也畫進歌川廣重的浮世繪「六十餘州名所圖繪」裡。

🏠 羽咋郡志賀町富來ト下
☎ 0767-42-0355（志賀町觀光協會） ㊟ 自由參觀 ㊡ 全年無休 ◎ 能登里山海道西山IC開車20分鐘 🅿 100台
能登 ▶ MAP P.10 B-3

約53km
約60分鐘 🚗

美景 SPOT

奇岩「象象鼻」的觀景台。

海岸邊的奇石巨岩

④ 西保海岸

にしほかいがん

粗曠的懸崖石壁的海岸，可看到像鱈魚的「鍔淵」、如大象的「象象鼻」等大大小小的奇石。

🏠 輪島市鵜入町～上大澤町 ☎ 0768-36-2001 ㊟ 自由參觀 ㊡ 全年無休 ◎ 能登里山海道能登里山空港IC開車約50分鐘 🅿 9台 能登 ▶ MAP P.10 C-1

蜿蜒的海岸線真是奇景。

約17km
約30分鐘 🚗

1004塊梯田綿延令人讚嘆！

⑤ 白米千枚田

しろよねせんまいだ

美景 SPOT

面向日本海的大片梯田是能登代表性的山海美景，也是日本初次獲選世界農業遺產的地景。不僅隨季節變化，一天當中也會呈現出不同風貌。

🏠 輪島市白米町ハ99-5 ☎ 0768-23-1146（輪島市觀光課） ㊟ 自由參觀 ㊡ 全年無休 ◎ 能登里山海道能登里山空港IC開車約40分鐘 🅿 51台 能登 ▶ MAP P.11 D-1

浪漫的活動「畦之煌」

10月～3月每晚以太陽能LED燈繽紛點亮梯田。

翠綠稻子茁壯的夏日梯田景象

千里濱渚濱海公路如發生海浪造高等可能危及行車安全的情況，就會禁止通行。

在恬靜的半島享用美食
大啖能登的美味海鮮！

豐富大自然環繞的能登半島是海鮮、蔬菜、稻米等食材的寶庫。
值得專程跑一趟來嘗鮮的極品美食大公開！

NICE

配料豐富！
能登丼・
西能登款待丼

使用能登產的越光米和水，以及
當地海產的在地美食。

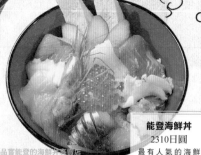

穴水能登丼
4000日圓
當季食材之外，還放上各種
珍饌的夢幻丼飯。

能登海鮮丼
2310日圓
最有人氣的海鮮
丼。奢侈享用10種
海鮮。

把食材的美味發揮到極致
幸壽司
こうずし

外縣市也擁有眾多粉絲
的人氣店家，細緻的手
藝享有高風評。壽司為
無菜單料理，佐醬油或
能登海鹽等，配合食材
提供最佳吃法。壽司米
採用能登產的越光米。

🏠 鳳珠郡穴水町大町チ37-4
☎ 0768-52-2114 🕐 17:00～
23:00（週六、日11:30～
14:00、17:00～23:00）🚫 週
三 🚃 能登鐵路穴水車站可到
🚗 3台
📍 能登 ▶MAP P.10 C-2

品嘗能登的海鮮界專賣店
能登海鮮丼Mitone
のとかいせんどんみとね

位於在老牌溫泉街的海鮮丼專賣店。從備料、刀工到裝
盤，全由熟練的壽司師傅一手包辦。食材新鮮不在話下，
可選擇醋飯或白飯也令人欣喜。

🏠 石川縣七尾市和倉町ワ部23-3 ☎ 0767-62-0077
🕐 10:00～18:00 🚫 週一、每月第1、3個週二（遇假日休隔
天）🚗 能登里山機場開車約45分鐘 🚗 6台
📍 能登 ▶MAP P.11 E-2

地物能登海鮮丼
3450日圓
放上早晨捕獲的滿
滿鮮魚。

享受新鮮的海產
福壽司
ふくずし

堅持只使用當天現撈海產做成的海鮮丼
大受歡迎。甚至有機會吃到少見的魚
貨，豪奢享受當季的海味吧！

🏠 穴水挺牛川島ア の34 ☎ 0768-52-1032
🕐 11:30～食材售完為止 🚫 週日、12/31～
1/1 🚗 公車站穴水車站站步行6分鐘 🚗 8
台
📍 能登 ▶MAP P.10 C-2

WOW!

在地餐館的大碗丼飯
能登旬菜dining
市左衛門
のとしゅんさいダイニング
いちざえもん

中午有定食，晚上供應套餐料
理和酒類。大量使用能登食材
做成的料理廣受好評，當地居
民也常光顧。

🏠 羽咋郡志賀町末吉千古1-6
☎ 0767-32-0073 🕐 11:30～
13:30、17:30～22:00 🚫 隔週
週一、每月第1個週日 🚗 能登
里山海道西山IC開車約5分鐘
🚗 20台
📍 能登 ▶MAP P.10 B-3

照片提供：
（一社）志
賀町觀光協
會

海鮮丼
2400日圓
享用能登當季8種
海鮮的丼飯。

透白的河豚生魚片放上口感綿密的白子（魚精囊）

輪島河豚丼附白子
1980日圓

能登新名產！
輪島河豚
野生河豚的捕獲量榮登日本第一！
輪島海港現捕的河豚。

輪島港直送的鮮魚在這裡
海幸
かいこう
輪島朝市路的海鮮丼、壽司專賣店。招牌料理是使用輪島河豚的輪島河豚丼。早上就開門營業，也推薦品嘗早餐。

What is

充滿魅力的能登美食

冬季來能登，一定要品嘗野生寒鰤魚。在日本海生長茁壯的鰤魚肉質扎實，堪稱極品！若在道之驛站的商店等地有看到當地鮮奶，也推薦購買。

🏠 輪島市河井町1-100-4　☎ 0768-22-0058　🕐 8:30～14:00　休 週三　🚌 輪島朝市即到　🚗 無
能登 ▶ MAP P.11 D-3

炭火烤牡蠣
6顆880日圓

小顆但濃純！
能登牡蠣
浮游生物豐富的七尾灣所養殖的牡蠣，2～4月是產季！

自己烤帶殼牡蠣。

面向穴水灣的牡蠣專賣店
coast table
コースト テーブル
使用眼前的大海所養殖的自家牡蠣做成料理。12～5月產真牡蠣，夏天換岩牡蠣登場，也供應牡蠣全套餐。

🏠 鳳珠郡穴水町中居南2-107　☎ 080-1966-1761　🕐 11:00～15:00　休 週三（6～11月休週二、三）　🚌 能登鐵路登穴水車站開車約10分鐘　🚗 6台
能登 ▶ MAP P.10 C-2

享受新鮮出爐的熱食

全年供應海港直送的牡蠣
牡蠣處 海
かきどころ かい
養殖能登牡蠣的山下水產直營的餐廳，一整年都能吃到牡蠣。夏季岩牡蠣1顆800日圓起就能享用，令人開心。

🏠 七尾市中島町濱田ツ-21　☎ 0767-66-1594　🕐 10:45～14:00　休 週四　🚌 能登鐵路登中島車站步行15分鐘　🚗 15台
能登 ▶ MAP P.10 C-3

炭火烤牡蠣
1400日圓

能登牛丼全餐
2700日圓

肉品也推薦！
能登牛
石川縣內飼養的黑毛和牛有A3或B3以上的肉質等級，稀少珍貴。

以最濃純的方式細品能登牛
夢一輪館
ゆめいちりんかん
只在白天營業的蕎麥麵店，以信州產蕎麥粉手工製作的二八蕎麥麵為傲。除了蕎麥麵之外，富含脂肪的能登牛肉也很受歡迎。

能登牛煮得鹹鹹甜甜，絕不踩雷

🏠 鳳珠郡能登町當目28-1　☎ 0768-76-1552　🕐 11:00～14:00（手打蕎麥麵售完為止）　休 週一（遇假日營業）　🚌 能登里山機場開車約8分鐘　🚗 10台
能登 ▶ MAP P.11 D-2

享受極上肉質的牛排
寺岡風舍富來本店
てらおかふうしゃとぎほんてん
肉舖直營的餐廳，從價格親民的漢堡排到沙朗牛排等菜色廣泛多元，令人難以抗拒。

🏠 羽咋郡志賀町富來領家町イ-30　☎ 0767-42-2941　🕐 11:00～最後點餐14:30、17:00～最後點餐20:00　休 週二、一、三晚上　🚌 能登里山海道西山IC開車約20分鐘　🚗 20台
能登 ▶ MAP P.10 B-3

能登牛之匠 牛排蓋飯
3850日圓

使用能登牛沙朗肉片，佐和風醬汁與山葵末，十分對味。

🌾 能登也因有許多酒莊而享有盛名，不光是清酒，近年來葡萄酒也備受矚目。　127

以五感品味山海的恩惠！
能登的美食&美酒

能登的近海擁有豐富的生態系。新鮮海產、能登蔬菜、魚醬發酵食品，還有清酒、葡萄酒等，好多獨特的氣候風土與栽培環境所孕育的美食。

午餐5600日圓起！

午餐8套餐6776日圓
套餐有3種，可享用充滿季節感的料理。

主廚曾在星級餐廳磨練手藝，料理的擺盤像藝術！

食材寶庫孕育的能登法式料理

L'Atelier de NOTO
ラトリエ・ドゥ・ノト

熱愛故鄉嚴選食材與傳統的主廚以「介紹能登食材的媒介」為概念，打造出只有這裡才有的頂極美食體驗。

🏠 輪島市河井町4-142　☎ 0768-23-4488　🕐 11:30～最後點餐13:00、18:00～最後點餐20:00　🚫 週一、二午餐　🚍 公車站輪島塗會館站步行5分鐘　🚗 6台

輪島 ▶ MAP P.10 A-1

原為輪島塗漆師工房的古民房（長屋）改造成餐廳。

奧能登邊境的酒莊

HEIDEE WINERY
ハイディワイナリー

釀造奧能登純日本產的葡萄酒。從土壤改良、手工收成到發酵程度的溫度調節，全都嚴格控管，造就果香馥郁、滋味飽滿的葡萄酒。

🏠 輪島市門前町千代31-21-1　☎ 0768-42-2622　🕐 11:00～17:00　🚫 週二　⊗ 能登里山機場開車約40分鐘　🚗 15台

輪島 ▶ MAP P.10 B-2

推薦方案
也有舉辦可試飲的「參觀釀酒廠行程」（1100日圓）！

座落在環抱大海的山谷綠丘上。

有販售紅、白、粉紅氣泡酒！

葡萄酒！

附設的咖啡館&餐廳供應午餐和甜點。

能登特有的氣候與土地造就有深度的滋味。

（右）「INTRO Blanc 2016」。
（左）「相承Cuvée Memorial 2019紅」

TOURISM

兼六園・金澤21世紀美術館

東茶屋街

西茶屋街・長町・香林坊

金澤市郊外

金澤旅宿

能登

✿ What is

能登釀酒師

日本有近30個傳統的釀酒師團（杜氏），其中岩手的南部杜氏、新潟的越後杜氏、兵庫的但馬杜氏，以及石川的能登杜氏，並稱為日本四大杜氏。

要變好喝喔！

能登酒的特質是「濃厚順口」！

「竹葉 生純米 奧能登」
米、水、酵母都是能登產，是極致的日本清酒！

「竹葉」的釀造廠

數馬酒造
かずましゅぞう

堅持使用能登產的原料，酒米也是向當地特約農場進貨。這些來自能登的恩賜釀造出來的清酒獲獎無數！以清酒為基底釀製的梅酒和柚子酒也不容錯過。

釀造用水是來自能登町柳田村山中的泉水。

（左）
竹葉 純米吟釀
（中）
竹葉 生 純米 奧能登
（右）
竹葉 能登純米

🏠 鳳珠郡能登町宇出津へ-36
☎ 0768-62-1200 🕘 9:30〜17:00
（週六10:00〜）🚫 週日、假日 🚗 能登里山海道能登里山機場IC開車約30分鐘 🅿 5台
能登 ▶ MAP P.11 E-2

季節限定的蟹面！

每一道料理都美得像幅畫。

享受能登才有的法式料理

la clochette
ラ クロシェット

能登山海所孕育的豐富食材，加入主廚從法國生活獲得的靈感做成法式料理。由夫人掌廚的點心烘焙坊也要Check！

🏠 羽咋市柳田町ほ79-1 ☎ 0767-23-4712 🕘 11:30〜最後點餐13:00、18:00〜最後點餐19:30 🚫 週日、一（遇假日休隔天週二）🚗 能登里山海道柳田IC開車隨到 🅿 8台
能登 ▶ MAP P.2 B-2

午餐B 6400日圓
可輕鬆品嚐店家口味的推薦套餐！

大師級的極品冰淇淋

MAKGA GELATO
能登本店
マルガージェラート のとほんてん

屢次比賽獲獎的榮野大師製作的未來體驗型義式冰淇淋。使用在地食材與100%當地鮮奶製成冰淇淋，是同時刺激五感的滋味。

推薦冰淇淋
必吃世界大賽獲獎的「豪華開心果冰淇淋」！

每月都有新口味！

滋味濃郁，餘韻清爽不膩口！

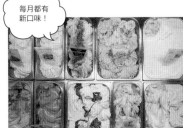

🏠 鳳珠郡能登町字瑞穗163-1 ☎ 0768-67-1003 🕘 11:00〜17:00 🚫 無休（11〜2月休週三）🚗 能登里山海道穴水IC開車約50分鐘 🅿 20台
能登 ▶ MAP P.11 D-2

從早市到傳統工藝應有盡有
玩遍輪島！

不只日本三大早市之一的「輪島朝市」，還有輪島塗漆、新鮮壽司等，
輪島的魅力說不完！來看看輪島之旅不可錯過的5大樂趣！

Enjoy

樂趣 **1**
早市巡禮♪

質樸的輪島朝市
不論歷史和規模
都是日本第一

想問什麼別客氣喔♪

店

路邊攤的位置隨攤主固定

一定要Get！

柚餅子
輪島代表性的糕點，據說始自平安時代後期。柚子的香味清爽。

輪島塗漆筷子
堅固好用的輪島塗漆筷適合當伴手禮。每次使用都光澤豔麗。

いかの塩辛　わさび青のり

瓶裝發酵食品
商家自製的漬海菜或魚醬等種類豐富，非常下飯！

觀光客也愛逛的歷史悠久早市
輪島朝市
わじまあさいち

相傳起源自平安時代以物易物的市集，距今超過1000年歷史。長達360m的「朝市大道」上，有鮮魚、乾貨、蔬菜等，約160家攤販一字排開！

魚醬麵包
輪島的魚醬和麵包很對味，飽足感十足。

WOW!

乾貨類
輪島崎町或海士町等漁村捕撈上岸的水產製成乾貨，是很受歡迎的伴手禮。

🏠 輪島市河井町本町通　☎ 0768-22-7653（輪島市早市工會）　⏰ 8:00～12:00　每月第2、4個週三　🚗 能登山海里山機場IC開車約20分鐘　🅿 600台
輪島 ▶ MAP P.10 A-1

綠賀良饅頭
豆沙餡的饅頭裹上染成黃色的糯米蒸熟。

have fun!
玩得開心的撇談

輪島早市是當地人交流的場所。他們會很親切告訴你推薦的食材和烹飪方法，所以如果你有不明白的地方，請隨時向他們詢問。

TOURISM

兼六園・金澤21世紀美術館

東茶屋街

西茶屋街・長町・香林坊

金澤市郊外

金澤旅宿

能登

輪島切子燈籠

切子燈籠祭是能登特有的祭典總稱。「切子燈籠」是指祭典時在神轎前方引路的神燈，燈籠光影交織的景象很夢幻。

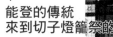

Enjoy

樂趣 2

入手輪島塗漆的逸品！

廣口碗・黑利休漸層
美麗的漸層很醒目，越使用越有光澤。

5500日圓

蒔地橢圓筷
職人手作的橢圓形筷子，貼合手部。

中碗26240日圓

日常使用職人技藝的好物

輪島桐本・漆的STUDIO【總店】
わじまキリモト・うるしのスタジオ〔ほんてん〕

製作日常生活可用的漆器、木製品。傳統的技術與技法，費工費時完成的漆器有著優美的曲線，貼合的觸感令人愛不釋手。

🏠 輪島市杉平町大百苅70-5　☎ 0768-22-0842
🕘 9:00～17:00　休 歲末年旦、臨時店休　🚃 公車站步行15分鐘　🚗 數台
能登 ▶ MAP P.10 B-1 →P.65

能登的傳統
來到切子燈籠祭的世界

會館於2015年搬遷整修。

漆器名片盒
使用檜木製作，以蒔地技法加工，不易刮傷。

各25300日圓起

Enjoy

樂趣 4

到大本山祈求開運！

竟高達17.5m！

充滿活力的切子在空中翩翩起舞

輪島切子燈籠會館
わじま キリコ かいかん

神燈切子燈籠遊街是能登的傳統祭典。照亮夜色的巨大切子燈籠在館內常設展示，7～10月祭典期間外也能感受燈籠祭的氣氛。來體驗華麗壯觀的祭典吧！

🏠 輪島市Marine Town 6-1
☎ 0768-22-7100　🕘 9:00～17:00　休 全年無休　¥ 630日圓　🚃 輪島朝市步行5分鐘
🚗 37台
能登 ▶ MAP P.10 B-1

Enjoy

樂趣 3

輪島切子燈籠體驗

莊嚴氣派的祖院

追憶大本山盛況的一大聖地

大本山總持寺祖院
だいほんざんそうじじそいん

元亨元年（1321），興建為曹洞宗大本山的寺院。明治時代發生大火焚毀，祖院遷往橫濱鶴見。如今仍留下構造壯觀的大山門和大祖堂，可感受到祖院的莊嚴與氣派。

🏠 輪島市門前町門前1-18甲
☎ 0768-42-0005　🕘 8:00～17:00　休 全年無休　¥ 500日圓　🚃 能登里山海道穴水IC開車約20分鐘　🚗 20台
輪島 ▶ MAP P.10 B-2

2024年將舉行太祖瑩山紹瑾禪師的祭祀法會。

享用能登的新鮮海味

助壽司
すけずし

位於朝市大道旁的壽司店。備齊鰤魚、黑喉魚等能登時令鮮味，不僅當地人光顧，也有許多遠道而來的回流客。壽司之外，2860日圓的能登丼和單品料理也很推薦！

Enjoy

樂趣 5

大啖新鮮壽司

能登半島的
生猛海鮮♡

🏠 輪島市河井町3-26　☎ 0768-22-4101　🕘 11:30～13:30（只有週六、日）、17:00～21:30（最後點餐21:00）　休 週一（遇假日休隔天）　🚃 輪島朝市步行5分鐘　🚗 8台
輪島 ▶ MAP P.10 A-1

食材新鮮有光澤

只使用當地海鮮的在地握壽司2600日圓。

享受名湯溫泉街！
想在 和倉溫泉 做的3件事♪

位於能登島的入口，擁有1200年的開湯歷史，是能登最大的溫泉地。
溫泉街上也有足湯和好吃的甜點店！

位於和倉中心的地標旅館。

一抵達
就是療癒的開始

好有氣氛的
露天溫泉！

將七尾灣盡收眼底的露天浴池，給人一種特別的感覺。

照務榮獲日本第一的旅館
和倉溫泉 加賀屋
わくらおんせん かがや

加賀屋被譽為「一生一定要住一次的
旅館」，可體驗極致的款待，好好享
受由內而外的全然放鬆！

🏠 七尾市和倉町ヨ部80　☎ 0767-62-4111　🚗 JR和倉溫泉車站開車
約6分鐘　🚌 200台　和倉溫泉　▶MAP P.11 E-2

價格 能登本陣2人1室33000日圓　IN 15:00　OUT 10:00

To Do
01 能登泡湯之町 和倉
放鬆療癒之旅

身心都
療癒～！

隨性所致的旅館生活
和倉溫泉 虹與海
わくらおんせん にじとうみ

有海景療癒、有益身心的旅館。
暫時離開平時的繁忙生活，享受
輕奢氣氛。

推薦情侶、女生旅行！

🏠 七尾市和倉町ヨ部96　☎ 0767-62-8888　🚗 JR和倉溫泉車
站開車約8分鐘　🚌 50台
和倉溫泉　▶MAP P.11 E-2

價格 和室2人1室17050日圓起
IN 15:00　OUT 10:00

隨性之旅
更盡興

全館都是海景房，心情為之雀躍！

開湯1200年、為和倉注入活力的休憩處
和倉溫泉 總湯
わくらおんせん そうゆ

有露天溫泉的豪華公共溫
泉。建築外觀美麗且位於和
倉的中心地帶，也有旅客泡
完旅館溫泉又來這裡泡湯！

🏠 七尾市和倉町ワ部6-2　☎ 0767-62-2221　🕖 7:00～21:00
🈲 每月25日　💴 490日圓　🚗 JR和倉溫泉車站開車約5分鐘
🚌 90台　和倉溫泉　▶MAP P.11 F-2

眺望能登島邊泡足湯放鬆
足湯公園
妻戀舟之湯
ゆったりパーク つまこいぶねのゆ

邊觀海邊泡腳的人氣足湯景
點。開放免費利用，散步到
這裡療癒疲憊的雙腳！

從腳尖暖到
身子♪

🏠 七尾市和倉町雲雀1-5　☎ 0767-62-2221　🕖 7:00～19:00
🈲 全年無休　🚗 JR和倉溫泉車站開車約5分鐘　🚌 20台
和倉溫泉　▶MAP P.11 F-2

TOURISM

兼六園・金澤21世紀美術館

東茶屋街

西茶屋街・長町・香林坊

金澤市郊外

金澤旅宿

能登

出浴後的
小確幸♡

在大自然培育的「能登鮮乳」製成冰淇淋

有多種口味供選擇。

530日圓

饕客可選雙拼一次享受享2種口味。

To Do
02
在溫泉街也想去

人氣甜點店！

泡溫泉後想吃
能登鮮乳義式冰淇淋

能登鮮乳
のとミルク

高人氣的咖啡館，可品嘗冰淇淋師傅以能登鮮乳為原料做成的香濃義式冰淇淋。其他設計新穎的商品和甜點也值得注意！

🏠 七尾市和倉町ワ部13-6　☎ 0767-62-2077
🕘 9:00～17:00　㊡ 週三、四　JR和倉溫泉車站開車約5分鐘　🚗 5台　和倉溫泉　▶MAP P.11 F-2

眺望七尾灣邊享用蛋糕。

LE MUSÉE DE H的人氣商品「C'est la vie」。

刺激五感
甜點與藝術的世界

LE MUSÉE DE H
辻口博啓美術館
ル ミュゼ ドゥ アッシュ つじぐちひろのぶびじゅつかん

體驗七尾出身的世界級甜點師辻口博啓的甜點與藝術！有許多使用石川縣食材做的烘焙點心和獨創甜點。

🏠 七尾市和倉町ワ部65-1
☎ 0767-62-4002　🕘 9:30～18:00（最後點餐17:00）
㊡ 不定　JR和倉溫泉車站開車約6分鐘　🚗 20台
和倉溫泉　▶MAP P.11 F-2

To Do
03

體驗型景點認識
和倉的「動」與「靜」

熱鬧的祭典文化
充滿熱情

Let's try

祭典體驗

觀看巨大螢幕上的祭典影像，隨著播放的吆喝聲模擬拖曳山車，可親身體驗各種祭典活動。

館內展示魅力滿點的「大山」和「大奉燈」等山車。

體驗七尾代表性的震撼祭典！

和倉溫泉 祭典會館
わくらおんせん おまつりかいかん

介紹「青柏祭」、「石崎奉燈祭」等代表七尾的壯觀祭典文化與歷史的機構。巨型的實物大山車「大山」和「奉燈」，十分震撼！

🏠 七尾市和倉町2-13-1　☎ 0767-62-4332
🕘 9:00～17:00（最後入館30分鐘前）
㊡ 每月第2、4個週三　💴 800日圓
🚌 公車站祭典會館前站可到　🚗 89台
和倉溫泉　▶MAP P.11 F-2

info

● 祭典影片（約8分30秒）
● 祭典體驗（各10分鐘）
（青柏祭、石崎華燈祭、能登島向田火祭、熊甲祭）

※接受點播

清心的
療癒寺院

清心的修行體驗

美麗的正統庭園和樣式的御便殿。

白巖山 青林寺
はくがんざん せいりんじ

御便殿的夢幻景色非常適合拍網美照！靜心打坐或抄寫經書的體驗也很受歡迎。

🏠 七尾市和倉町レ部61　☎ 0767-62-2836
🕘 9:00～17:00　㊡ 週三、法會時
💴 參拜費500日圓　JR和倉溫泉車站開車約5分鐘
🚗 10台　和倉溫泉　▶MAP P.11 E-2

租借單車

騎租借單車逛逛和倉

和倉溫泉觀光協會
わくらおんせんかんこうきょうかい

配合旅行的目的可租借機車或電動自行車，暢遊能登、和倉之旅！

🏠 七尾市和倉町2-13-1　☎ 0767-62-1555
🕘 9:00～17:00　全年無休　💴 1輛4小時500日圓起　🚌 公車站祭典會館前站隨到　🚗 90台（祭典會館停車場）
和倉溫泉　▶MAP P.11 F-2

TOURISM 27

能登島的玄關

只玩一天不過癮！
遊覽七尾的城鎮

喀噹 喀噹

隨漁港興起發展的七尾城鎮擁有古老的歷史。一本杉大道保留著懷舊氣氛，卻也能感受到新意，隨處走走逛逛吧！

享用壽司與單品料理
能登之海孕育的海味

午餐限定！海鮮壽司丼
2970日圓

裝滿海產的豪氣海鮮丼。

品味師傅的精湛手藝

能登壽司之庄 信壽司
のとすしのしょう のぶずし

嚴選食材、持續精進壽司的七尾名店。可從窗戶望見美麗庭園，一邊享用鮮度絕佳的能登前壽司！

🏠 七尾市和倉町雲雀3-120-1
☎ 0767-62-2019　🕐 11:00～14:00、17:00～21:00　🈺 週三、每月第1、3個週四　🚉 公車站香島站步行3分鐘　🚗 15台

[和倉溫泉]
▶ MAP P.11 F-2

能登前壽司
2750日圓

可輕鬆品嘗近海的新鮮漁貨。

🌀 **What is**

能登前壽司

使用當地時令食材與能登山里栽種的米做成的壽司。只要是合作店家，一律2750日圓就能享用新鮮握壽司。

請享用七尾灣的寶石！

品味能登的新鮮食材

歡迎光臨！

生魚片 拼盤
1人份 1500日圓
※園為3人份450

清晨從七尾灣捕獲的海鮮做成生魚片。

七尾名產赤西貝
時價

昭和天皇也喜愛的食物。脆脆的口感在貝類中少見。

品嘗曾獻給德川家康的夢幻蛋捲

松乃鮨
まつのずし

開業超過150年的壽司店，以七尾灣的新鮮食材和能登米的醋飯捏製成握壽司，果然不同凡響！

🏠 七尾市府中町220-6　☎ 0767-53-0053　🕐 11:30～14:00、17:00～22:00（最後點餐21:30）　🈺 週日（週一是假日則營業）、假日的週一　🚉 JR七尾車站步行10分鐘　🚗 8台

[能登]　▶ MAP P.11 F-3

顆顆入魂
代代相傳的能登前壽司

上等握壽司
3300日圓

品嘗13個當日推薦的豪華握壽司！

A 改造倉庫的串燒店

雞與松葉

とりとまつば

在明治時代建造的堅固倉庫，享用嚴選在地雞肉與品牌雞肉的烤串燒，大受歡迎！

七尾市本町93-1　☎0767-88-9013　營 18:00～23:00　休 週二　交 JR七尾車站步行12分鐘　🚗2台
能登 ▶MAP P.11 F-3

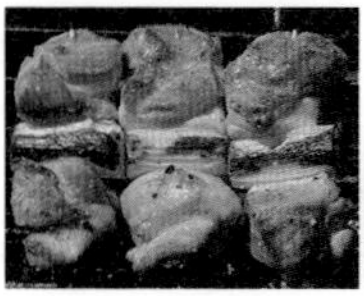
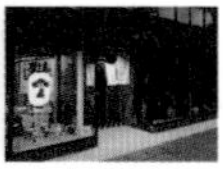

外皮酥脆，肉質軟嫩。

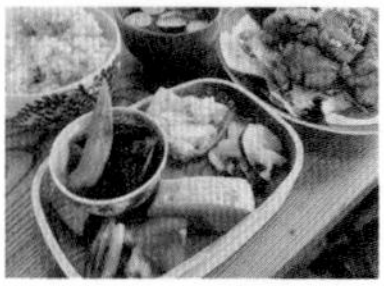
適合午餐或午茶時光！

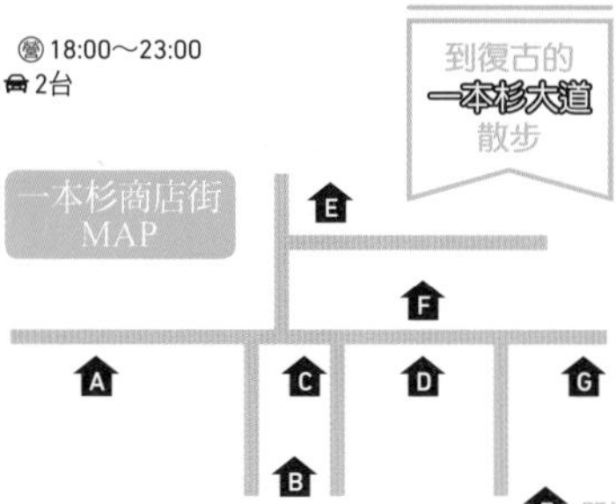
到復古的
一本杉大道
散步
一本杉商店街
MAP
A
B
C
D
E
F
G

E 改造江戶中期的建築變成咖啡館

ICOU

イコウ

老酒廠改造成新空間，採用當地食材，以秤重方式的自助餐供應餐點。

七尾市木町1-1　☎0767-57-5797　營 11:30～18:00（最後點餐17:30）　休 週二、三　交 JR七尾車站步行10分鐘　🚗7台
能登 ▶MAP P.11 F-3

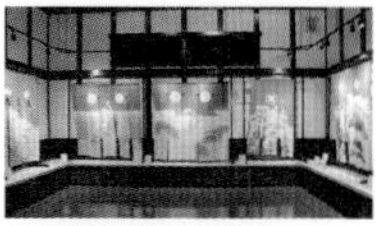

色彩繽紛的花嫁暖簾。

B 體驗幕末以來的婚禮習俗

花嫁暖簾館

はなよめのれんかん

展示明治時代到平成年間的「花嫁暖簾」（加賀有禪染的門簾嫁妝），也可體驗鑽門簾的習俗。

七尾市馬出町ツ部49　☎0767-53-8743　營 9:00～17:00（最後入場16:30）　休 12/29～1/3　費 550日圓　交 JR七尾車站步行8分鐘　🚗60台
能登 ▶MAP P.11 F-3

F 開業90多年的昆布老店

昆布海產物處 白井

こんぶかいさんぶつどころ しらい

販售各種昆布和海產，還有製作能登海藻萬花筒的體驗活動700日圓起，大受好評！（須預約，5人起）

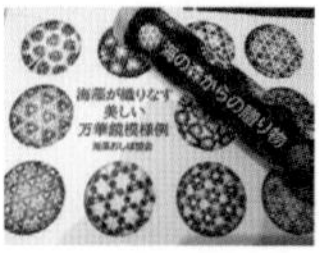
海藻が織りなす
美しい
万華鏡模様例

手作旅行的回憶吧！

七尾市一本杉町100　☎0767-53-0589　營 9:30～18:00　休 週二　交 JR七尾車站步行8分鐘　🚗5台
能登 ▶MAP P.11 F-3

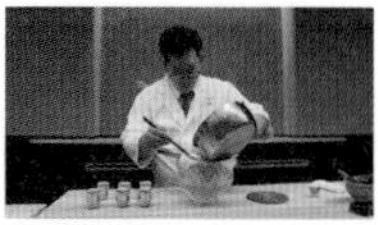
請慢用！

受矚目的日本料理店。

C 2020年7月開張！

一本杉 川嶋

いっぽんすぎ かわしま

名店養成的技術為本，提供以五味、五感享受能登四季之味的日本料理店。

七尾市一本杉町32-1　☎0767-58-3251　營 12:00～14:00（只有週三）、18:00～22:00（須訂位）　休 不定　交 JR七尾車站步行8分鐘
能登 ▶MAP P.11 F-3

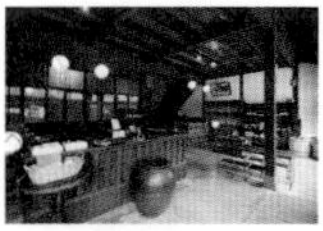

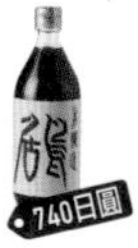
740日圓

傳統的店面陳設。

D 手工釀造的餐桌調味料

鳥居醬油店

とりいしょうゆてん

販售以在地食材手工精心釀造的醬油、高湯醬和味噌等調味料。

七尾市一本杉町29　☎0767-52-0368　營 9:00～18:00　休 週四　交 JR七尾車站步行8分鐘　🚗2台
能登 ▶MAP P.11 F-3

G 1892年開業至今的蠟燭店

高澤蠟燭店

たかざわろうそくてん

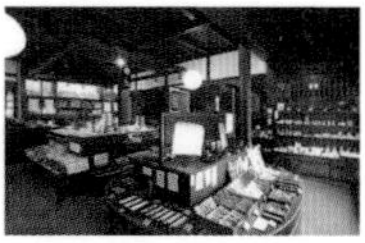

石川縣稀有傳統工藝品「七尾和式蠟燭」的老店，被搖曳的燭火療癒了。

七尾市一本杉町11　☎0767-53-0406　營 9:00～19:00　休 每月第3個週二　交 JR七尾車站步行7分鐘　🚗2台
能登 ▶MAP P.11 F-3

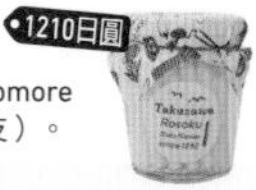
1210日圓
Takazawa
Rosoku

受歡迎的伴手禮「Tomore 油菜花」（瓶裝30支）。

去七尾玩的話

人氣觀光列車也要CHECK!

搭乘特別的觀光列車，感受能登的歷史與文化，欣賞在地山海美景！

連接金澤車站與和倉溫泉車站的特別列車

花嫁暖簾號

はなよめのれん

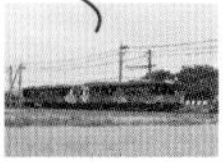
適合女性結伴同遊！

連接金澤、七尾、和倉之間的觀光列車。時髦的車上餐食魅力十足！
和倉溫泉 ▶MAP P.11 F-3

〔時刻表、車資等諮詢〕☎0570-00-2486（JR西日本客服中心）※付費、6:00～23:00　JR金澤車站發車10:15/14:15　和倉溫泉車站發車12:08/16:30　費 2800日圓　營 週五～日、假日
→P.156

從七尾到穴水間約1小時的車窗之旅

能登里山里海號

のとさとやまさとうみごう

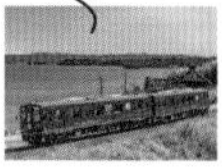
有送贈禮喔！

沿能登半島的內側行駛，享受車窗外怡然的能登景致。
能登 ▶MAP P.11 F-3

☎0768-52-2300（能登鐵路觀光列車訂票中心）※週三～一　七尾發車8:55/12:30/15:32、穴水發車11:00/14:15　費 普通列車車票＋500日圓起　營 週六、日、假日
→P.156

美照拍不完！
前往網美景點奧能登

保留豐富大自然的奧能登有許多能欣賞日本海美景的名勝！
兜風的路上，順道遊覽大自然鬼斧神工的打卡景點吧！

A⁺
立於海上的
能登地標

B⁺
在驚險萬分的瞭望台
獨占絕美景色！

浪漫！

穿過岩壁裡的隧道
前方就是藍之洞窟

C⁺
各地遊客來此感受大自
然的神奇力量。
突出海岸的
神祕岬角

D⁺
平穩蜿蜒的
結緣海岸

據說情侶一起敲鐘就能
永結同心。

巨大的奇岩又名「軍艦島」

A⁺ 見附島
みつけじま

以珪藻土建造的無人島，
高28m、周長300m。鋪有
踏石，海水退潮時可走近
觀看。

⌂ 珠洲市寶立町鵜飼
☎ 0768-82-7776（珠洲市觀
光交流課） 營俄 自由參
觀 ✕ 能登里山機場IC開車約
40分鐘 🚗 200台
能登 ▶MAP P.11 E-1

瞭望天涯海角的極致景色

B⁺ Sky Bird與藍之洞窟
スカイバードとあおのどうくつ

能登尖端的珠洲岬因複雜的
海岸地形，長期未開發，可
從空中展望台「Sky Bird」俯
瞰，欣賞壯麗景觀。

⌂ 珠洲市三崎町寺家10-13
☎ 0768-86-8000（燈之宿）
營 8:30～16:30（隨季節變動）
俄 全年無休 ✕ Sky Bird與藍之
洞窟展望台共通券1500日圓
✕ 能登里山機場IC開車約60分
鐘 🚗 114台
能登 ▶MAP P.11 F-1

日本首屈一指的能量景點

C⁺ 珠洲岬
すずみさき

祿剛崎、金剛崎、遭崎等
地的總稱。因陸上的氣流
和海中的暖流、寒流在此
交會，是日本三大聖域之
一。

⌂ 珠洲市三崎町寺家10-11
☎ 0768-86-8000（燈之宿）
營 8:30～16:30（隨季節變
動） 俄 全年無休 ✕ Sky
Bird與藍之洞窟展望台共通
券1500日圓 ✕ 能登里山機
場IC開車約60分鐘 🚗 114台
能登 ▶MAP P.11 F-1

留下淒美愛情傳說的海岸

D⁺ 戀路海岸
こいじかいがん

劃為能登半島國定公園，
範圍到美麗白沙灘的見附
島總長約3.5km，又稱
「結緣沙灘」，是知名的
求良緣景點。

⌂ 鳳珠郡能登町戀路
☎ 0768-62-8526（能登町故
鄉振興課） 營俄 自由參觀
✕ 能登里山機場IC開車約40
分鐘 🚗 約20台
能登 ▶MAP P.11 E-1

TOURISM

兼六園・金澤21世紀美術館

東茶屋街

西茶屋街・長町・香林坊

金澤市郊外

金澤旅宿

能登

還有值得一看的 SPOT

能登半島還有其他幾處魅力景點。

SPOT 1 遇見能登半島的生物

在一體成形的壓克力水底隧道，近距離感受「海豚樂園」。

好有震撼力的魚群們！

可看到約500種動物

能登島水族館
のとじますいぞくかん

主要飼養能登半島近海的魚種。推薦最有人氣的「海豚海狗表演秀」，還有以光雕投影打造出在水中散步般充滿臨場感的「能登海遊迴廊」。

豆腐鯊的巨大展示水槽「豆腐鯊館 青之世界」。

海豚的精采表演令人看得入迷。

🏠 七尾市能登島曲町15部40
☎ 0767-84-1271　🕘 9:00～17:00　㊡ 12/29～31
🚃 1890日圓　🚉 和倉溫泉開車約20分鐘　🚗 1100台
能登 ▶MAP P.10 C-3

SPOT 2

親切指導♪

製作自創的玻璃藝品

可選口吹玻璃、玻璃噴砂或製作飾品等。

以玻璃藝品紀念旅行

能登島玻璃工房
のとじまガラスこうぼう

可體驗口吹玻璃等各種製法的人氣景點。附設的商店也能購買玻璃工藝品。

🏠 七尾市能登島向田町122-53　☎ 0767-84-1180
🕘 9:00～17:00　㊡ 全年無休　🚃 口吹玻璃體驗3850日圓起　🚉 和倉溫泉開車約20分鐘　🚗 有
能登 ▶MAP P.11 D-3

SPOT 3 挑戰自古傳承的鹽田體驗

啪嚓～！

以海水製造原創的鹽。

體驗揚濱式的製鹽法

道之驛 珠洲鹽田村
みちのえき すずえんでんむら

能登半島自古相傳「揚濱式」製鹽法的資料館。挑戰看看全日本只有這裡才有的鹽田體驗（2000日圓，須預約）吧！

嘿咻！

🏠 珠洲市清水町1-58-1
☎ 0768-87-2040　🕘 9:00～17:00（12～2月～16:00）
㊡ 全年無休　🚃 資料館100日圓
🚉 能登里山機場開車約45分鐘　🚗 30台
能登 ▶MAP P.11 D-1

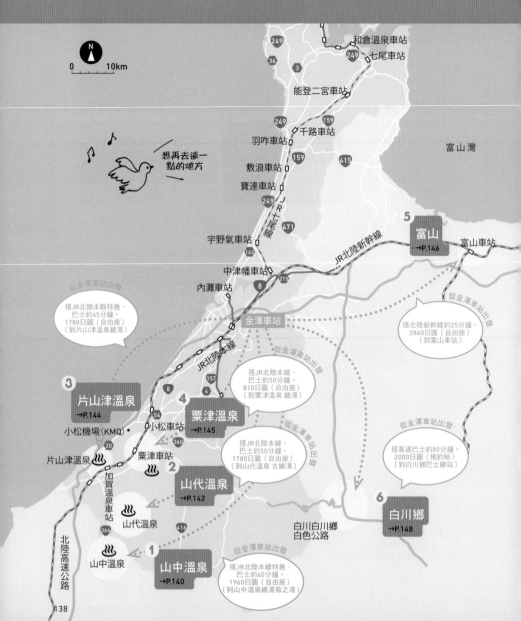

泡名湯療癒身心、體驗日本祕境都很棒

從金澤再走遠一點，推薦去山代溫泉、山中溫泉等4大溫泉所組成的加賀溫泉鄉，以及世界文化遺產白川鄉。不管是譽為「關西後花園」的加賀溫泉鄉，還是保留日本原鄉風景的白川鄉，都能讓人度過療癒身心的時光。加上北陸新幹線的開通，到鄰縣富山縣的交通也變得更方便，趁此機會前往一遊吧！

0　　　10km

和倉溫泉車站
七尾車站
能登二宮車站
千路車站
羽咋車站
敷浪車站
寶達車站
富山灣
富山 →P.146
富山車站
宇野氣車站
中津幡車站
內灘車站
JR北陸新幹線
想再去遠一點的地方

從金澤東站出發
搭JR北陸本縣特急、巴士約45分鐘。
1780日圓（自由座）
（到片山津溫泉總湯）

從金澤車站出發
搭北陸新幹線約25分鐘。
2860日圓（自由座）
（到富山車站）

金澤車站
JR北陸本線

從金澤車站出發
搭JR北陸本線、巴士約50分鐘。
810日圓（自由座）
（到粟津溫泉 總湯）

③ 片山津溫泉 →P.144
小松機場（KMQ）
片山津溫泉
加賀溫泉車站
④ 粟津溫泉 →P.145
小松車站
粟津車站

從金澤車站出發
搭JR北陸本線、巴士約50分鐘。
1780日圓（自由座）
（到山代溫泉 古總湯）

從金澤車站出發
搭高速巴士約80分鐘。
2000日圓（預約制）
（到白川鄉巴士總站）

② 山代溫泉 →P.142
山代溫泉

⑥ 白川鄉 →P.148
白川白川鄉白色公路

① 山中溫泉 →P.140
山中溫泉

從金澤車站出發
搭JR北陸本線特急、巴士約60分鐘。
1960日圓（自由座）
（到山中溫泉總湯菊之湯）

北陸高速公路

各區域的交通資訊&樂趣

山裡的溫泉讓松尾芭蕉也讚嘆！

1 山中溫泉
やまなかおんせん

北陸數一數二的歡樂溫泉。綠意盎然的美麗鶴仙溪，還有古九谷燒、山中漆器等傳統工藝，充滿魅力。

▶ 山中溫泉總湯 菊之湯 →P.140
▶ 翻花繩橋 →P.140
▶ 鶴仙溪川床 →P.141

知名文人熱愛的溫泉地

2 山代溫泉
やましろおんせん

從奈良時代延續至今的名湯。大聖寺藩的歷代藩主和北大路魯山人也常造訪而享有盛名。

▶ 山代溫泉 古總湯 →P.143
▶ 九谷燒窯跡展示館 →P.142

豐富礦物質讓肌膚柔滑

3 片山津溫泉
かたやまづおんせん

白山靈峰與柴山潟的風景絕美，柴山潟1天約有12次大噴水，從湖底湧出的溫泉富含礦物質。

▶ 片山津溫泉 →P.144

加賀溫泉鄉MAP

小松IC
往金澤西IC
片山津IC
小松機場
往金澤車站
54
305
39
小松車站
3
加賀IC
加賀溫泉車站
4
那谷寺
8
2
147
1
364
N

交通資訊

加賀溫泉鄉巡迴巴士「CAN BUS」

從JR加賀溫泉車站發車，巡迴加賀溫泉鄉各景點的巴士。有「山線」、「海線」、「小松機場線」、「加賀小松縣」、「加賀越前線」共5條路線，可自由上下車，非常方便！

※ 部分班車可能停駛或減班

乘車送合作設施優惠券喔♪

溫泉開湯1300年歷史

4 粟津溫泉
あわづおんせん

位於美麗白山的山麓，相傳是高僧泰澄大師開創的溫泉，擁有北陸最古老的歷史。

▶ 加賀傳統工藝村 湯之國之森 →P.145
▶ 粟津溫泉 總湯 →P.145

話題性十足的藝術景點眾多

5 富山
とやま

可親近藝術的富山縣美術館、隈研吾設計的富山市玻璃美術館等，有許多當紅景點！

▶ 富山美術館 →P.146
▶ 富山市玻璃美術館 →P.146
▶ 富岩運河環水公園 →P.147

感受恬靜古樸的日本生活

6 白川鄉
しらかわごう

列為世界文化遺產的「合掌屋村落」現存約100棟，至今仍有居民居住生活。可感受日本文化、生活與美麗的大自然。

▶ 荻町合掌村 →P.148
▶ 國家指定重要文化財和田家 →P.149

山間療癒身心的溫泉

山中溫泉
やまなかおんせん

「行腳之樂，就在這裡」松尾芭蕉也讚不絕口的山中溫泉，精采有看頭。可眺望蔥鬱的鶴仙溪一邊泡天然溫泉，也能到街上逛逛，與美食相遇。還有古九谷燒、山中漆器等傳統工藝品，不容錯過！

療癒度滿分

白天：◎　夜晚：◎

在大自然環繞的溫泉地，身心都獲得療癒。

交通

金澤車站

JR北陸本線特急　🚃 25分鐘（1960日圓）

北陸高速公路　金澤西IC～加賀IC　60分鐘

加賀溫泉車站

路線公車溫泉山中線　🚌 31分鐘（430日圓）

山中溫泉巴士總站

也有絕美景點！

罕見男女分棟的公共浴場，附設複合設施「山中座」。

入口處有白鷺鷥雕像

♨ **yamanakaonsen 01**

先訪大景點！
到古色古香的街上散步

山中溫泉擁有1300年歷史，於流經山間的大聖寺川沿岸形成了溫泉鄉，不妨到風光明媚的街道散散步吧！秋天時，還能欣賞溪谷美麗的楓紅。

松尾芭蕉也泡過的公共溫泉

山中溫泉總湯 菊之湯
やまなかおんせんそうゆ きくのゆ

位於溫泉街的中心，據信是山中溫泉的發源地。泉質的特色是低溫清澈，不僅吸引遊客造訪，也深受當地居民喜愛。

🏠 加賀市山中溫泉湯之出レ1（男湯）、加賀市山中溫泉藥師町ム1（女湯）
☎ 0761-78-4026
🕐 6:45～22:00　休 每月第2、4個週三（遇假日休隔天）　¥ 490日圓　🚌 山中溫泉巴士總站步行7分鐘　🅿 約100台
山中溫泉 ▶MAP P.12 B-1

紫紅色的摩登橋梁

♨ **yamanakaonsen 02**

溫泉街的地標
越過2座美麗的橋

復古的氣氛

大自然豐富的鶴仙溪上有2座橋。夏天清爽的翠綠楓葉到了秋天，把溪谷染成一片楓紅色。

獨特的S形橋梁

翻花繩橋

位於鶴仙溪的中心，以翻花繩為設計概念的橋梁。夜間也以九谷五彩為意象點燈照亮。

🏠 加賀市山中溫泉
☎ 0761-78-4134
🕐 自由參觀　🚌 山中溫泉巴士總站步行7分鐘　🅿 12台
山中溫泉
▶MAP P.12 B-1

全以檜木搭建的美麗橋梁

蟋蟀橋
こおろぎばし

從江戶時代就橫跨鶴仙溪的檜木橋（現今為第4代）。秋天是縣內數一數二的賞楓景點，許多遊客慕名而來。

🏠 加賀市山中溫泉下谷町
☎ 0761-78-4134
🕐 休 自由參觀　🚌 公車站蟋蟀橋站步行4分鐘　🅿 22台
山中溫泉
▶MAP P.12 C-1

川床茶套餐600日圓※單購座位費
為成人300日圓、小學生200日圓。

軟綿綿的
蛋糕

600日圓

♨ yamanakaonsen 03

夏季限定的川床納涼

據說大聖寺川的中流溪谷與鶴仙溪的美麗景
色，曾讓松尾芭蕉逗留9天之久。川床為4〜
11月限定。

充滿納涼感的茶席

鶴仙溪川床
かくせんけいかわどこ

沿著河邊的步道設置
夏季限定的茶席，醒
目的紅傘是標誌。可
眺望著水流，度過涼
快時光。

🏠 加賀市山中溫泉
☎ 0761-78-0330（山中
溫泉觀光協會）
🕘 9:30〜16:00
🚫 6/13〜15、9/12〜14
（維護期間）💰 座位
費300日圓 🚌 CAN BUS
公車站山中座步行5分鐘
🚗 駐20台
山中溫泉
▶MAP P.12 B-1

♨ yamanakaonsen 04

在可愛的咖啡館
休息片刻

走累的話，不妨到鶴仙溪附近的咖啡館
休息一會。在新鮮空氣與綠意包圍下，
品嘗美味甜點。

店面裝潢
很漂亮

450日圓

人氣品項「森林蛋糕」。

森林中的隱密咖啡館

東山Bonheur
ひがしやまボヌール

靜靜佇立在鶴仙溪入口處
的咖啡館。堅果多多的森
林蛋糕和燉牛肉是招牌餐
點。

🏠 加賀市山中溫泉東町
1-ホ 19-1 ☎ 0761-78-
3765 🕘 9:00〜17:00
🚫 週四 🚌 山中溫泉巴
士總站步行3分鐘
🚗 無
山中溫泉
▶MAP P.12 B-1

♨ yamanakaonsen 05

在溫泉街邊逛邊吃♪

溫泉街以長谷部神社為中心的「蒸氣街道」周邊，
有許多可邊逛邊吃的魅力商店！

霜淇淋

溫泉蛋是名產的店

小出仙
こでせん

以蛋白蛋黃都軟嫩的溫
泉蛋做成滋味濃郁的霜
淇淋。

🏠 加賀市山中溫泉本町2-
ナ-8 ☎ 0761-78-1310
🕘 9:00〜17:30 🚫 全年無
休 🚌 山中溫泉巴士總站步
行5分鐘 🚗 無
山中溫泉 ▶MAP P.12 B-1

350日圓

口感軟綿綿

3個421日圓

明治時代創業的日式糕點店

山中石川屋
やまなかいしかわや

販賣溫泉土產「娘
娘饅頭」，帶有黑
糖與味噌的淡淡香
氣。

🏠 加賀市山中溫泉本町2-ナ-24 ☎ 0761-78-
0218 🕘 8:00〜17:00 🚫 週三、1月1日
🚌 山中溫泉巴士總站步行5分鐘 🚗 無
山中溫泉 ▶MAP P.12 B-1

推薦旅宿在這裡！

可聽見潺潺流水聲的溫泉

篝火吉祥亭
かがりきっしょうてい

以鶴仙溪的美景為伴，享受
天然溫泉。晚餐的會席料理
可享用加賀的山珍海味。

🏠 加賀市山中溫泉蟋蟀町ニ 1-1 ☎ 0761-78-2223
🚗 北陸道加賀IC開車約25分鐘、JR加賀溫泉車站或小松
機場免費接駁（須預約）🚗 42台
價格 24500日圓 IN 14:00 OUT 10:00
山中溫泉 ▶MAP P.12 C-1

創業800年的老字號旅館

白鷺湯俵屋
しらさぎゆたわらや

沐浴在負離子中，泡著溪流
的露天溫泉，享受奢侈時
光。也可不住宿純泡湯1500
日圓（須預約）。

🏠 加賀市山中溫泉東町2-ヘ-1 ☎ 0761-78-1321 🚗 北
陸道加賀IC開車約20分鐘、JR加賀溫泉車站免費接駁
（須預約）🚗 80台
價格 16650日圓起 IN 15:00 OUT 11:00
山中溫泉 ▶MAP P.12 B-1

在「湯之曲輪」享受美食和藝術！

山代溫泉
やましろおんせん

開湯約1300年，思古之幽情的山代溫泉有九谷燒、在地美食，魅力滿點！在充滿歷史與文化的溫泉街，深度玩法大公開！

五感大獲滿足

白天：◎ 夜晚：○

各種豐富設施！旅館的交通也很方便。

金澤車站
🚃 25分鐘　🚗 42分鐘
加賀溫泉車站
北陸高速公路 加賀IC
加賀溫泉巴士
🚃 12分鐘　🚗 15分鐘
山代溫泉總湯 古總湯

♨ yamashiroonsen 01

九谷燒的窯跡
以出土的狀態公開展示！

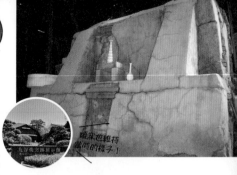

九谷燒窯跡展示館

藻窯也維持當時的樣子！

江戶時代後期建造的再興九谷、吉田屋窯的窯場以出土時的樣貌公開展示，列為日本國家史蹟的珍貴景點。

感受九谷燒歷史的展示館

九谷燒窯跡展示館
くたにやきかまあとてんじかん

館內可使用稱為「九谷五彩」的日式顏料體驗手繪或手拉胚，重新發現九谷燒的魅力！

🏠 加賀市山代溫泉19-101-9　☎ 0761-77-0020
🕘 9:00～17:00　🈺 週二
💴 350日圓　🚌 公車站九谷燒窯跡展示館站可到　🚗 20台
山中溫泉 ▶ MAP P.12 B-2

♨ yamashiroonsen 02

大啖當地
美食與螃蟹
大餐

加賀市內只有4家店能吃到「加賀螃蟹餐」。品嘗一整隻香箱蟹的豪華御膳必成為旅行的美好回憶。

♨ yamashiroonsen 03

感受年少
魯山人氣息
的故居

魯山人從事招牌畫師時的故居，重現當時生活景象。可欣賞雅致的中庭，遙想魯山人的往日。

奇才藝術家魯山人的足跡

魯山人寓居跡 伊呂波草庵
ろさんじんぐうきょあと いろはそうあん

魯山人於大正4年（1915）約居住半年的故居，可參觀書房、茶室及地爐房間。展示室的作品特展頗具深度。美麗庭園也值得一賞。

🏠 加賀市山代溫泉18-5
☎ 0761-77-7111　🕘 9:00～17:00
🈺 週三（遇假日開館）　💴 560日圓　🚌 公車站魯山人寓居跡
🚗 50台
山代溫泉 ▶ MAP P.12 A-3

山代溫泉傳承3代的料理老店

割烹 加賀
かっぽう かが

以精緻手藝聞名的日本料理老店，供應加賀螃蟹餐，含鱈甲燒、鹹甜蟹井、螃蟹散壽司和螃蟹火鍋，再以螃蟹鹹粥作結的螃蟹饗宴。

🏠 加賀市山代溫泉桔梗丘2-73
☎ 0761-76-0469　🕘 11:00～14:00、17:00～22:00　🈺 週一晚上、週二　🚌 公車站魯山人寓居跡呂波草庵站即到
🚗 20台
山代溫泉 ▶ MAP P.12 A-3

yamashiroonsen 04

外來策展人的藝廊

從東京移居到此的策展人所經營的沙龍。只有這裡才買得到的工藝品、香氛的冥想體驗等，讓旅客流連忘返。

展售日常工藝品的藝廊

月月
つきつき

以日常工藝與健康為理念，除器物之外，也販售特製的線香和茶類等，還有植物治療師提供諮商服務。

也別錯過附近的「溫泉圖書館未完」！

結合當地工藝的產品

🏠 加賀市山代溫泉51-1
☎ 050-3749-5110
🕙 10:00～17:00　㊡ 不定　🚌 公車站山代溫泉東口站可到　🚗 6台
山代溫泉 ▶ MAP P.12 A-3

yamashiroonsen 05

復刻明治時代的總湯！

重現明治時代浴場的古總湯，沒有水龍頭和淋浴設備，也不可使用肥皂。體驗當年的總湯泡法！

源泉讓身體暖呼呼♪

保留木造的屋頂和建築外觀，呈現昔日的風貌！

透光的彩繪玻璃窗亮晶晶

山代溫泉 古總湯
やましろおんせん こそうゆ

地板和牆壁以九谷燒磁磚鋪設，連細節都忠實重現明治19年（1886）建造的總湯。出浴後可到2樓休憩室休息。

🏠 加賀市山代溫泉18-128
☎ 0761-76-0144　🕕 6:00～22:00（每月第4個週三～12:00）　㊡ 不定　💴 500日圓　🚌 公車站山代溫泉總湯・古總湯站即到　🚗 100台
山代溫泉 ▶ MAP P.12 A-3

只有這裡才有的發現！

加入新感性的加賀傳統溫泉旅館

界 加賀
かい かが

追求現代式放鬆的日式空間與待客之道，可充分享受加賀獨到的文化體驗和當季才有的魅力。

🏠 加賀市山代溫泉18-47
☎ 050-3134-8092　🚌 公車站山代溫泉總湯・古總湯站可到　🚗 35台
價格 31000日圓起
IN 15:00　OUT 12:00
山代溫泉 ▶ MAP P.12 A-3

宛如森林裡的綠洲

在森林中療癒自己

森之栖Resort&Spa
もりのすみかリゾートアンドスパ

位於1萬坪森林中的療癒旅館。在充滿大自然力量的森林度假村泡祕湯，身心都煥然一新！

🏠 加賀市山代溫泉14-27
☎ 0761-77-0150　🚌 公車站山代溫泉站步行7分鐘　🚗 40台
價格 21050日圓起
IN 15:00　OUT 10:00
山代溫泉 ▶ MAP P.12 B-3

面向柴山潟觀美景泡湯

片山津溫泉
かたやまづおんせん

面向白山、風光明媚的柴山潟岸邊形成溫泉度假勝地，有許多可坐擁湖景的旅館！可眺望據說一天變換七彩的美麗湖面，度過極致幸福的溫泉時光。

不分男女老少都盡興

白天：◎　夜晚：◎

有體驗活動、藝廊、商店等，可開心散步的溫泉鄉。

交通資訊

金澤車站

🚌 25分鐘　🚗 42分鐘

加賀溫泉車站

北陸高速公路
片山津IC

加賀溫泉
巴士
🚌 11分鐘　🚗 7分鐘

片山津溫泉總湯

🨫 katayamazuonsen 01

分日享受「潟之湯」和「森之湯」！

潟之湯與森之湯分別可從窗子看到不同景色，讓人想連續2天來泡湯的景點。

眼前一片綠意盎然的『森之湯』

面向柴山潟全玻璃帷幕的時尚總湯

片山津溫泉 總湯
かたやまづおんせん そうゆ

知名建築師設計的嶄新建築，附設出浴後可休憩片刻的「等待咖啡廳」。從開放感十足的窗子望出去的風景也很美麗。

🏠 加賀市片山津溫泉乙65-2
☎ 0761-74-0550　🕐 6:00～22:00　全年無休（有臨時休館）　💴 490日圓
🚉 公車站片山津溫泉總湯站即到　🚗 50台
片山津溫泉 ▶MAP P.12 C-3

🨫 katayamazuonsen 02

體驗雪與冰不可思議的世界

為紀念全世界首次成功製造人工雪的中谷宇吉郎，介紹其功績的科學館。美麗又不可思議的實驗令人興奮不已。

水的結晶也有各種型態！

介紹中谷宇吉郎的多項創舉

中谷宇吉郎 雪的科學館
なかやうきちろう ゆきのかがくかん

有許多不可思議的實驗，如形成鑽石冰塵、製作雪花鍊壁！來探索未知又美麗的冰雪世界吧！

🏠 加賀市潮津町イ106
☎ 0761-75-3323　🕐 9:00～17:00　週三、假日
💴 560日圓　🚉 公車站雪的科學館站即到　🚗 30台
片山津溫泉 ▶MAP P.12 B-2

可順道造訪的景點

280日圓
350日圓

姊妹經營的小麵包店

開烘焙坊
ヒラクベーカリー

每日定時出爐的現烤麵包任君挑選！♪

🏠 加賀市片山津溫泉乙69-39
☎ 0761-76-9362　🕐 9:30～17:30（售完為止）　週二、三、不定　🚉 公車站片山津溫泉總湯站即到　🚗 無
片山津溫泉 ▶MAP P.12 C-3

自家烘豆的美味咖啡

mie coffee
ミーコーヒー

精心手沖的特調咖啡。

🏠 加賀市片山津溫泉乙69-39
☎ 0761-76-7008　🕐 10:00～17:00　週二、三、不定
🚉 公車站片山津溫泉總湯站即到　🚗 無
片山津溫泉 ▶MAP P.12 C-3

跟手作點心很對味！

推薦旅宿在這裡！

全館都是視野絕佳的湖景房！

加賀片山津溫泉 佳水鄉
かがかたやまづおんせん かすいきょう

大浴池可眺望柴山潟和白山連峰，享受與大自然融為一體的氣氛。

🏠 加賀市潮津町イ72-1
☎ 0761-74-1200　🚉 公車站片山津西口站步行3分鐘　🚗 200台
IN 15:00　OUT 10:00
片山津溫泉 ▶MAP P.12 B-2

粟津溫泉
あわづおんせん

開湯1300年！古湯風情的溫泉街

古老的溫泉今日依然生生不息，許多旅館擁有自家挖掘的泉源，也是高人氣的求良緣景點。在石板路的街道上散步，也很愉快！

體驗加賀文化

白天：○ 夜晚：○

據說粟津溫泉可讓肌膚變滑嫩，讓人想慢慢泡。

電車	開車
金澤車站	金澤車站

金澤車站
JR北陸本線
🚃40分鐘
小松車站
JR北陸本線
🚃5分鐘
粟津車站
粟津車站北口
小松巴士
🚌7分鐘

🚗47分鐘

粟津溫泉總湯

🔥 awazuonsen 01

在加賀森林邂逅療癒與工藝體驗

將您的作品當作紀念品！

九谷燒手拉坏、手上彩、貼金箔、抄和紙等，石川縣內超過50種傳統工藝齊聚11棟屋子的傳統工藝村。

參觀！接觸！手作！完成獨創的作品吧！

加賀 傳統工藝村 湯之國之森
かが でんとうこうげいむら ゆのくにのもり

小河流過的13萬坪丘陵地上，茅草屋頂的古老民房遷移至此，組成了工藝村。園區內也有Umbrella Sky等多處網美打卡景點！

🏠 小松市粟津溫泉ナ3-3　☎0761-65-3456　🕘9:00～16:30　⊗週四（詳情請至官網確認）　💴550日圓　🚉JR加賀溫泉車站約20分鐘　🚗300台
粟津溫泉　▶MAP P.2 A-3

🔥 awazuonsen 02

美麗的自然景觀相伴 發展1300年歷史

榮獲米其林綠色指南1星評價，有數個重要文化財。

名勝與重要文化財的寶庫

那谷寺
なたでら

養老元年（717）在真言宗別格本山創立。岩石聳立的「奇岩遊仙境」點綴著楓紅的景色堪稱絕美！

🏠 小松市那谷町ユ122　☎0761-65-2111　🕘9:15～16:00　⊗全年無休　💴600日圓　🚗小松IC開車約30分鐘　🚗200台
粟津溫泉　▶MAP P.2 A-3

推薦旅宿在這裡！

列為日本文化財「登錄紀念物（名勝類）」的法師庭園。

從開湯延續至今北陸最古老的祕湯

北陸 粟津溫泉 法師
ほくりく あわづおんせん ほうし

開業1300年，北陸歷史最悠久的老字號旅館，有關於小堀遠州（茶人）的庭園、明治時代的建築「延命閣」等，都讓人感受到歷史。

🏠 小松市粟津溫泉ワ46　☎0761-65-1111（接受訂房9:00～18:00）　🚐加賀溫泉車站、粟津車站有接送服務（須預約）　🚗200台
💴價格 18300日圓（泡湯含稅）
IN 15:00　OUT 10:00
粟津溫泉　▶MAP P.2 A-3

🔥 awazuonsen 03

粟津溫泉街 備受愛戴的美人湯

位於粟津溫泉中心，唯一的公共浴場。

可輕鬆泡湯的公共浴場

粟津溫泉 總湯
あわづおんせん そうゆ

當地人也愛用的浴場，有無色透明的大浴池，構造簡約，是粟津的地標。

🏠 小松市粟津町イ79-1　☎0761-65-1120　🕘8:00～22:00　⊗週二　💴470日圓　🚌公車站粟津溫泉北口站隨即　🚗10台
粟津溫泉　▶MAP P.2 A-3

🥾 粟津有「戀人聖地」、「岳山遊步道」等健行步道。可在粟津悠閒散步後，順道前往看看吧！　145

再走遠一點，來趟藝術散步之旅

富山
（とやま）

富山擁有環水公園與立山連峰美景，市區的景點集中，很方便旅遊！享受了藝術與美食後，也有工藝品和傳統文化可欣賞，足夠玩上一整天。

藝術景點多多！

白天：◎　夜晚：◎

以車站為中心，兩旁有數個藝術景點，剛好散步繞一圈！

交通資訊

金澤車站

北陸新幹線（自由座）🚃 25分鐘（2860日圓）

北路高速公路
金澤東IC～富山IC
60分鐘

富山IC

🚗 15分鐘

富山車站

Poster Touch Panel

🚶 toyama 01

滿足好奇心話題
正熱的美術館

以「連結藝術與設計之地」為目標，2017年開館。有免費展區和體驗型的藝術作品，讓大人小孩都盡興的美術館。

有許多體驗藝術的機關！

富山縣美術館
とやまけんびじゅつかん

來看我吧！

典藏畢卡索、米羅、夏卡爾等知名藝術家的作品，展示世界近現代藝術、海報、帽子等收藏品。

🏠 富山縣富山市木場町3-20 ☎ 076-431-2711 🕘 9:30～18:00 🈺 週四 🈶 館藏展300日圓 🚉 JR富山車站步行15分鐘 🚗 103台（2小時免費）

富山 ▶ MAP P.2 C-1

三澤厚彥《Animal 2017-01-B》富山縣美術館藏
攝影：小杉善和

屋頂上也有遊樂設施！

平面設計師佐藤卓以狀聲詞為靈感創作的遊具「狀聲詞的屋頂」。

🚶 toyama 02

感受五彩繽紛的
玻璃藝品之美

閃閃發光的建築「TOYAMA閃亮亮」。使用玻璃和在地木材建造而成，不管從哪個角度拍照都上相！

「玻璃之城富山」的新源頭

富山市玻璃美術館
とやましガラスびじゅつかん

以現代玻璃藝術品為主，展示「Toyama Float Boat」等玻璃界巨匠戴爾・奇胡利（Dale Chihuly）的裝置作品。

🏠 富山縣富山市西町5-1 ☎ 076-461-3100 🕘 9:30～18:00（週五、六～20:00）※最後入館30分鐘前 🈺 每月第1、3個週三 🈶 常設展200日圓 🚌 公車站西町站即到 🚗 無

富山 ▶ MAP P.2 C-2

世界級建築師隈研吾參與設計而享有盛名！

以玻璃、鋁材和花崗岩打造的外牆！

toyama 03

到悠閒的水岸公園散步！

除了公園的地標天門橋，還能體驗全日本罕見的「水上電梯」、「富岩水上航線」等，園區有許多親水景點！

水與綠意交織的景觀好美！

富岩運河環水公園
ふがんうんがかんすいこうえん

像包圍整片水岸的公園是市民的休閒場所，晚上會打燈，營造出夢幻氣氛。

🏠 富山縣富山市湊入船町
☎ 076-444-6041、076-482-4116（水上） 🏯 展望塔 9:00～21:30 🈚 全年無休 💴 自由參觀 🚃 JR富山車站步行9分鐘 🚗 171台

富山 ▶MAP P.2 C-1

toyama 04

附設咖啡館的雜貨店樂趣加倍

設計師長岡賢明以「耐用且符合在地的設計」為宗旨策畫的店。

乾咖哩和蛋包飯很受歡迎

想買有設計感的伴手禮一定要來這裡。

富山食衣住的久用提案！

D & DEPARTMENT TOYAMA
ディアンドデパートメント トヤマ

富山縣的傳統工藝和產業製造的生活用品一字排開！附設咖啡空間，選用當季食材的菜色也很豐富。

🏠 富山縣富山市新總曲輪4-18富山縣民會館1F ☎ 076-471-7791 🕙 10:00～19:00 🈚 依設施休館日 🚌 公車站富山市役所前站即到 🚗 84台（付費）

富山 ▶MAP P.2 C-2

toyama 05

藥膳料理的午餐時光

位於老字號藥鋪「池田屋安兵衛商店」2樓的藥膳餐廳。

加入古代米和高麗人蔘的健康膳（2200日圓起）※須預約

以中醫觀點調配健康料理

健康膳 藥都
けんこうぜん やくと

富山藥商的歷史衍生出美味的藥膳料理。1樓可體驗製作藥丸和購買伴手禮。

🏠 富山縣富山市堤町通1-3-5 ☎ 076-425-1873 🕙 11:30～14:00 🈚 週二、三 🚃 富山站開車約7分鐘 🚗 5台

富山 ▶MAP P.2 C-2

其他推薦景點！

在公園度過的時光更有味！

環水露台 -KANSUI TERRACE-
かんすいテラス-カンスイ テラス-

以多元「美食」與「休憩」的體驗概念，與2020年落成的環水公園相望，話題正熱的景點。

🏠 富山縣富山市下新町35-23 ☎ 無 🕙 隨店家而異 🈚 週三 🚃 JR富山車站步行14分鐘 🚗 20台

富山 ▶MAP P.2 C-1

1F

可喝茶、吃義式冰淇淋的茶飲店「點點茶」。

2F

星級名店進軍富山！

東京西麻布的人氣創意日本料理店開新分店！

世界文化遺產合掌村巡禮

白川鄉
しらかわごう

位於岐阜縣西北部，1995年登錄為世界文化遺產的白川鄉，目前現存114棟合掌屋，非常珍貴。現今仍有居民在此居住，可體驗日本的農村生活與文化。

好多打卡景點！

白天：◎ 夜晚：△

許多合掌屋現在改為餐廳或紀念品店。

交通資訊

金澤車站

高速巴士
🚌 80分鐘
（2000日圓）

🚗 70分鐘

白川鄉巴士總站

🚶 shirakawa-go 01

漫步於大小114棟的合掌屋村落

冬天是日本屈指可數的大雪地區！！

照片提供：白川村公所

在田園風光明媚的白川鄉散步途中，可順道體驗手作或品嘗純樸的鄉土料理。想深度旅遊，最好預留3小時的時間。

庄川河畔的合掌屋風景！

萩町合掌屋聚落
おぎまちがっしょうづくりしゅうらく

白川村萩町有可參觀內部的民房、博物館及改造建築而成的餐廳等。四季皆有不同美景，每到冬季打燈期間，都吸引大批遊客湧入！

🏠 岐阜縣大野郡白川村
☎ 05769-6-1013（白川鄉觀光協會）
🅿 自由參觀
🚗 東海北陸高速公路白川鄉IC開車約8分鐘
🚗 約200台
白川鄉 ▶MAP P.2 A-2

🚶 shirakawa-go 02

俯瞰村落的景致不同凡響！

新綠、楓紅與雪景，隨季節變化的村落風光美不勝收！

照片提供：白川村公所

可飽覽村落的絕佳觀賞地點

萩町城跡 展望台
おぎまちしろあと てんぼうだい

從戰國時代遺留的城池高台俯瞰，合掌屋聚集的萩町一覽無遺。可於和田家附近的站牌搭乘前往展望台的巡迴公車。

🏠 岐阜縣大野郡白川村萩町
☎ 05769-6-1013（白川鄉觀光協會）
🅿 自由參觀
🚗 東海北陸高速公路白川鄉IC開車約10分鐘
🚗 10台
白川鄉 ▶MAP P.2 A-2

🚶 shirakawa-go 03

體驗親近大自然的生活

開放參觀屋內！

以山下家為首，保留25棟民房開放參觀的園區。可自由在地爐邊休息或參觀神社、水車小屋，體驗日本早年生活。

照片提供：白川村公所

認識合掌屋的歷史與先人的生活！

野外博物館 合掌屋 民家園
やがいはくぶつかん がっしょうづくりみんかえん

白川村各地的老舊合掌屋遷移至此，開放遊客參觀。可體驗手打蕎麥麵或編稻草繩（4月下旬～11月上旬，須預約）。

🏠 岐阜縣大野郡白川村萩町2499
☎ 05769-6-1231
🕐 8:40～17:00（12～2月9:00～16:00）
🅿 無休（12～3月休週四）
💰 600日圓
🚌 白川鄉巴士總站步行15分鐘
🚗 無
白川鄉 ▶MAP P.2 A-2

鱒園定食2420日圓，有鹽烤岩魚和河魚甘露煮。

享用新鮮的河魚！

白川村也有豐富的鄉村料理，山菜、河魚、野味、石割豆腐等。來了就要好好體驗當地飲食文化。

以清澈的山泉水自家養殖

鱒園 文助
ますえん ぶんすけ

以岩魚或虹鱒供應新鮮的河魚料理。在風雅的空間裡，享受山間才有的樸實風味。

🏠 岐阜縣大野郡白川村萩町1915 ☎ 05769-6-1268 🕙 11:00～15:00（其他時段須洽詢）🅟 不定 🚌 白川鄉巴士總站步行9分鐘 🚗 8台
白川鄉 ▶ MAP P.2 A-1

可順道造訪的景點

據說現在仍是住家！

照片提供：白川村公所

萩町合掌村中最大規模

國家指定重要文化財 和田家
くにしていじゅうようぶんかざい わだけ

合掌屋裡展示著實際使用過的生活用具和民藝品、農具，還有喜慶時用的紅色漆器等。

🏠 岐阜縣大野郡白川村萩町997 ☎ 05769-6-1058 🕙 9:00～17:00 🅟 不定 💴 400日圓 🚌 白川鄉巴士總站步行4分鐘 🚗 無
白川鄉 ▶ MAP P.2 A-2

阿嬤的手作點心讓人好放鬆 ♥

在可愛雜貨環繞的咖啡館喝下午茶

心花洞
しんげどう

咖啡館供應人氣的抹茶拿鐵等飲品，也有販售和紙小物與手工木藝品，不可錯過！

🏠 岐阜縣大野郡白川村萩町90 ☎ 05769-6-1015 🕙 10:00～17:30 🅟 不定 🚌 白川鄉巴士總站步行5分鐘 🚗 無
白川鄉 ▶ MAP P.2 A-2

感受白川鄉歷史與風味的時光

御宿 結之庄
おんやどゆいのしょう

仿造合掌造型的門口很有特色，可望見日本原鄉風景的正統溫泉旅館。悠閒享受奢侈時光！

🏠 岐阜縣大野郡白川村飯島908-2 ☎ 05769-6-2005 🕙 有從白川鄉巴士總站免費接駁服務 🚗 67台
白川鄉 ▶ MAP P.2 A-1
價格 19250日圓起
IN 15:00 OUT 11：00

古色古香的合掌屋民宿

合掌乃宿 孫右衛門
がっしょうのやどまごえもん

江戶時代後期建造的合掌屋民宿。以鄉土料理為主的饗食擁有高風評，圍著地爐吃晚餐，必成為旅行的美好回憶。

🏠 岐阜縣大野郡白川村萩町360 ☎ 05769-6-1167 🕙 白川鄉巴士總站步行6分鐘
白川鄉 ▶ MAP P.2 A-2
價格 1夜2餐24200日圓起
※1日限定3組客人
IN 15:00 OUT 10：00

金澤之旅
Info

交通方式有3種！
從日本各地去金澤的方法！

從東京、大阪、名古屋出發的話，
可搭乘列車、飛機或巴士。
請依自己的預算和行程選擇適合的交通方式。

※以下資訊為2023年3月的資料，車資、時間等僅供參考，可能隨季節、交通狀況而變動。

\ ACCESS 1 /

列車
TRAIN

不管從哪裡出發，搭列車皆屬方便。只要抵達金澤車站，之後的移動都會很順暢。從大阪和名古屋出發的話，可搭乘雷鳥號（Thunder Bird）或白鷺號等特急電車；從東京出發的話，建議利用北陸新幹線！

從大阪‧名古屋出發
搭特急很方便！

從大阪車站 → 大阪車站 🚃 JR特急‧雷鳥號　需時 2小時30~50分鐘　車資 7990日圓 → 金澤車站

從名古屋 → 名古屋車站 🚃 JR特急‧白鷺號　需時 3小時　車資 7660日圓 → 金澤車站

坐新幹線好輕鬆！
從東京需2小時30分到金澤。

從東京 → 東京車站 🚄 JR北陸新幹線‧光輝號　需時 2小時30分鐘　車資 14580日圓 → 金澤車站　

東京車站 🚄 JR北陸新幹線‧白鷹號　需時 3小時　車資 14580日圓 → 金澤車站

從名古屋 → 名古屋車站 🚄 JR東海道新幹線‧光號／回聲號 → 米原車站轉車 🚃 JR特急‧白鷺號　需時 2小時30分鐘　車資 8460日圓起 → 金澤車站

☺ 優點　**特急**　缺點 ⌄

從名古屋搭白鷺號，從大阪搭雷鳥號

「白鷺號」和「雷鳥號」都不用再轉車，直達金澤，舒適便利。「雷鳥號」的班次多，很方便。

白鷺號1天只有8班車，注意時間

從名古屋搭「白鷺號」不用再轉車，但1天只有8班次，即1~2小時1班車，請事先查好時刻表。

☺ 優點　**新幹線**　缺點 ⌄

從東京出發搭光輝號、白鷹號最方便！

北陸新幹線是不二首選。從東京搭「光輝號」到金澤只要2小時30分！搭「白鷹號」需3小時~3小時15分鐘。

光輝號雖然速度快，但只有指定席，須事先訂位

短時間內就能抵達金澤，但「光輝號」沒有自由座，請注意一定要先訂位。

+α 各區的優惠票券CHECK！

從東京　**Eki-net優惠票**
Eki-net限定的優惠票券。票價隨促銷期間而異。
價格 12760日圓起
※東京（都區內）~金澤車站
售票 線上訂票網站「Eki-net」

從名古屋　**北陸觀光優惠車票**
可往返北陸周遊特定區域的特企企畫車票。
價格 16230日圓（名古屋市內）
售票 出發車站或鄰近的JR主要車站、代辦旅行社等

從關西　**北陸無限次數周遊券**
搭JR特急往返北陸地區間的3日無限次數乘車周遊券。
價格 15850日圓（大阪市內）／3天內
售票 出發車站或鄰近的JR主要車站、代辦旅行社等
※販售期間須洽詢

ACCESS 2

飛機
AIRPLANE

搭飛機的好處，無論如何都是快速。若從北海道或九州等地遠道而來，比起坐列車還要轉乘，當然是搭飛機最順暢。石川縣有2處機場，去金澤或加賀的話，以小松機場為佳；到能登的話，選擇里山機場較方便。

新千歲機場（札幌）

前往金澤、加賀，飛航到小松機場，前往能登，飛航到能登里山機場較方便

[1] 羽田機場 → 小松機場
1天6航班 1小時
8730日圓起 JAL／ANA

[2] 新千歲機場→小松機場 ※在羽田機場轉機
1天5航班 2小時
19370日圓起 JAL／ANA

[3] 福岡機場→小松機場
1天4航班 1小時35分鐘
17210日圓起 ANA

[4] 羽田機場→能登里山機場
1天2航班 55分鐘
9770日圓起 ANA

能登里山機場（能登）
小松機場（金澤）
大阪（伊丹／關西）機場
東京
橫濱
名古屋
靜岡
羽田機場（東京）
仙台
大阪（新大阪）
廣島
高松
博多
福岡機場
鹿兒島

ACCESS 3

巴士
BUS

從東京或大阪出發到金澤3100日圓起

搭巴士的好處是價格實惠。想壓低預算時，是得力的選項。如利用夜間長程巴士，就能在睡眠時移動，適合想有效利用時間的人。

▼東京 → 金澤……3800日圓起
▼名古屋 → 金澤……3600日圓起
▼大阪 → 金澤……3100日圓起
▼京都 → 金澤……3100日圓起
▼廣島 → 金澤……7000日圓起

價格隨設備的等級而異！

4排座椅
＝單程 3800日圓起
空間狹小，通常沒有廁所，要多利用休息站。

3排座椅
＝單程 6000日圓起
腳邊空間寬敞，與鄰座相隔一定的空間。

※東京⇒金澤的參考價格

＋α 搭乘高速巴士算樂移動

「VIP長程巴士 富山・金澤線」
舒適4排電動躺椅座位。寬敞9列全皮革座椅。
價格 富山・金澤線4000日圓起

4種交通方式
聰明遊覽金澤市區

金澤的主要觀光景點都很集中，
可多利用市區的巡迴公車或到處都有租借站的共享單車，聰明移動！

ACCESS 1

公車
BUS

巡迴人氣觀光景點，搭乘「城下町金澤周遊巴士」
最便利。不過，巴士有分左回線和右回線，路線和
站名略有不同，建議事先預習一下，依目的地選擇
公車。

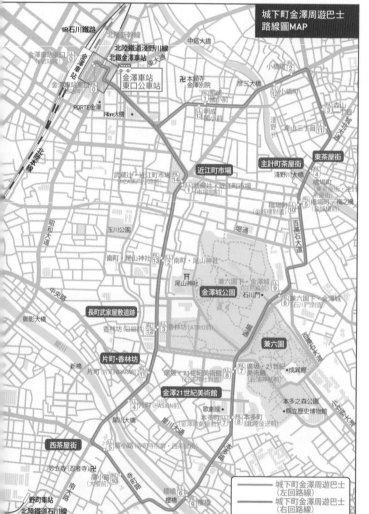

城下町金澤周遊巴士
路線圖MAP

IR石川鐵路
北陸新幹線
北陸鐵道淺野川線
北鐵金澤車站
金澤車站
東口公車站
PORTE金澤
Rifare大樓

中島大橋
小橋町
本願寺
金澤別院
彥三大橋
小橋町
明成
國小前
明成
國小前
森山
一丁目
淺野
淺野川三丁目

近江町市場
主計町茶屋街
東茶屋街
武藏辻·近江町市場
MZA黑門小路前
淺野川大橋
武藏辻·近江町市場
市場前
橋場町
東茶屋街·主計町
橋場町·梅之橋
泉鏡花前
橋場町
金鐵樓對面

玉川公園
堀通

南町·尾山神社
百萬石大道
南町·尾山神社

尾山神社
兼六園下·金澤城
白鳥路前
金澤城
石川門對面
中央通
香林坊ATRIO前
兼六園下·金澤城
石川門前

長町武家屋敷遺跡
香林坊日銀前
香林坊ATRIO前
兼六園

御影大橋
片町·香林坊
片町IKBARA前
廣坂·21世紀
美術館
石浦神社前
廣坂·21世紀
美術館
石浦神社前
成巽閣

新橋
金澤21世紀美術館
片町PASION前
廣坂·21世紀美術館
香林坊社對面
本多町
金澤勸業館
本多町
北陸放送前
本多之森公園
縣立歷史博物館

犀川大橋

歐座劇

西茶屋街
廣小路
妙立寺忍者寺
廣小路
大樓前
櫻橋
櫻橋

野町車站
北陸鐵道石川線

城下町金澤周遊巴士
（左回路線）
城下町金澤周遊巴士
（右回路線）

先購買超值的一日乘車券

可無限次數搭乘「城下町金澤周
遊巴士」、「金澤flat公車」、
「北陸鐵道集團路線公車（指定
區域內）」的車票。

見本　　見本

金澤市內1日自由乘車券600日圓

販售地點：北鐵車站前中心（金澤
車站東口公車總站內）、北鐵公車
服務中心武藏MZA店（名鐵MZA 1樓
黑門小路內）

+α 其他種類巴士

巡迴點燈的兼六園和東茶屋
街等地的觀光巴士。

金澤點燈公車

**專用自由乘車券
500日圓**

販售地點：交通案內所、北鐵站
前中心、金澤市內飯店（部
分）。

該搭什麼公車？
確認金澤的巴士種類！

請根據目的地和情況善加利用！
有些公車可使用超值的乘車券。

分為右回線和左回線

右回線

左回線

① 城下町金澤周遊巴士

想遊覽人氣觀光景點時，記得右回線、左回線的路線不同。

車資	無關乘車區間，搭乘1次200日圓
觀光景點	東茶屋街、兼六園、金澤城公園、金澤21世紀美術館、西茶屋街
1日乘車券	金澤市內1日自由乘車券600日圓
洽詢	北陸鐵道電話客服中心 ☎ 076-237-5115 ※行車狀況請至官網確認

去市中心以外的地區也方便

② 北陸鐵道路線公車

幾乎涵蓋金澤市內全境
在市中心搭乘1次平均200～250日圓

車資	依乘車區間而異
觀光景點	隨路線而異
1日乘車券	金澤市內1日自由乘車券600日圓（指定區域內）
洽詢	北陸鐵道電話客服中心 ☎ 076-237-5115

可使用交通類儲值卡

③ 市公車

往近江町市場、香林坊、兼六園方向。
只在週六、日、假日營運

車資	無關乘車區間，搭乘1次100日圓，小學生50日圓
觀光景點	香林坊、金澤21世紀美術館、兼六園、近江町市場
1日乘車券	無
洽詢	西日本JR公車金澤營業所 ☎ 076-225-8004

依目的地選擇路線

④ 金澤flat公車

有此花、菊川、材木、長町共4條路線，白天約每20分鐘一班車。

車資	無關乘車區間，搭乘1次100日圓
觀光景點	隨路線而異
1日乘車券	可使用金澤市內1日自由乘車券600日圓
洽詢	金澤市交通政策課（全路線）☎ 076-220-2371、北陸鐵道金澤營業所 ☎ 076-237-8005（此花、菊川路線）、西日本JR公車金澤營業所 ☎ 076-225-8004（材木、長町路線）

參觀金澤的夜景

⑤ 金澤點燈巴士

巡迴定期舉辦點燈活動的各大景點，主要於週六晚間行駛。

車資	無關乘車區間，搭乘1次300日圓
觀光景點	近江町市場、東茶屋街、兼六園
1日乘車券	金澤專用自由乘車券500日圓
洽詢	北陸鐵道電話客服中心 ☎ 076-237-5115

前往目的地景點該搭什麼公車比較快？請參閱「金澤觀光名勝交通速查表」（別冊P.13）。

這裡搭車，這裡下車♪

從金澤車站前往6大區域！
公車乘車處指南

許多班車進出的金澤車站東口巴士總站是移動的起點。
也要注意下車的公車站。

搭乗方法的POINT

① 選擇目的地。確認最近的公車站，前往
金澤車站東口的公車乘車處。

② 金澤的公車種類多，公車站牌的位置隨
路線而異，請特別留意。

金澤車站兼六園口（東口）

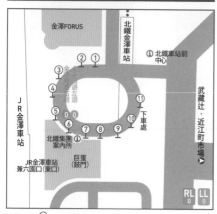

【範例】♀…北鐵路線公車

●…城下町金澤周遊巴士右回線

●…城下町金澤周遊巴士左回線

＼想去這裡！／ **兼六園・金澤城**

最近公車站
兼六園下・金澤城

金澤車站東口乘車處

⑥（右回）

⑥⑦（全部公車）

四季風景皆美的名園。

＼想去這裡！／ **東茶屋街・主計町茶屋街**

最近公車站
橋場町

金澤車站東口乘車處

⑥（全部公車）

金澤最具代表性的觀光景點。

＼想去這裡！／ **近江町市場**

最近公車站
武藏辻・近江町市
場

金澤車站東口乘車處

③⑧⑨⑩（全部公車）

⑥（左回）

鮮魚與金澤美食齊聚的市民廚房。

＼想去這裡！／ **金澤21世紀美術館**

最近公車站
廣坂・
21世紀美術館

金澤車站東口乘車處

⑥（右回）

③（全部公車※除快
速巴士）

展示現代藝術的美術館，曜稱「圓美」。

＼想去這裡！／ **長町武家屋敷遺跡**

最近公車站
香林坊

金澤車站東口乘車處

③⑧⑨⑩（全部公車）

⑥（左回）

古色古香的加賀藩中階武士宅邸。

＼想去這裡！／ **西茶屋街**

最近公車站
廣小路

金澤車站東口乘車處

⑧⑨⑩（全部公車）

⑥（左回）

金澤三大茶屋街之一，有許多甜點店。

ACCESS 2

自行車
BICYCLE

在主要觀光景點集中的金澤騎自行車移動，不但距離剛好，也能避開塞車。目的地很多的時候，推薦利用。

金澤的觀光景點集中，推薦騎自行車旅遊

Machinori共享單車

單車租借的服務。市區內有多處租借站，都能借車和還車。

可利用時間
出租…24小時　歸還…24小時
※Machinori事務局9:00～18:00

🏠 金澤市此花町3-2 LIVE 1大樓1F
☎ 076-255-1747　⏰ 9:00～18:00
🏖 年終元旦　🚃 JR金澤站隨到
金澤車站周邊　▶MAP P.3 D-1

租借站點間所需時程參考

```
Machinori事務局        約1.6km          18 東茶屋街
金澤車站              （約8分鐘）
        約1.1km            約0.9km
       （約5分鐘）         （約5分鐘）
  約1.7km          3 近江町市場       約1.2km
 （約10分鐘）                        （約6分鐘）
        約1.6km            約1.3km
       （約8分鐘）         （約6分鐘）
長町武家屋
敷遺跡 8          約1.4km          15
                （約7分鐘）        兼六園
西茶屋街 10   約1.7km
            （約10分鐘）
```

ACCESS 3

定期觀光巴士
REGULAR SIGHTSEEING BUS

有隨車導遊帶隊遊覽東茶屋街、兼六園等人氣觀光景點的定期觀光巴士。推薦給想請導遊安排所有行程以快速觀光的人。由於參觀景點的時間固定，想慢慢參觀的地方，下次再訪吧。

北陸鐵道預約中心
TEL 076-234-0123
（9:00～18:00／全年無休）

（範例行程）

```
金澤車站東口
  ▼
東茶屋街 自由散步
  ▼
觀賞天德院機關人偶劇
  ▼
長町武家屋敷遺跡 自由散步
  ▼
兼六園周邊地區 自由散步
  ▼
金澤車站東口
```

能有效率利用時間，大受遊客歡迎。

ACCESS 4

計程車
TAXI

家庭旅行或團體旅遊等，多人一起移動時，建議搭乘計程車。不僅能分擔車資，也能節省時間。

主要計程車行

石川近鐵計程車	☎076-221-3265
富士計程車	☎076-237-1020

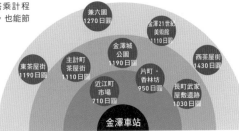

兼六園 1270日圓
金澤21世紀美術館 1110日圓
金澤城公園 1190日圓
東茶屋街 1190日圓
主計町茶屋街 1110日圓
西茶屋街 1430日圓
片町・香林坊 950日圓
近江町市場 710日圓
長町武家屋敷遺跡 1030日圓
金澤車站

＋α 也有觀光計程車

計程車導遊以包車的方式帶路遊覽各景點。可依乘客的需求，選擇各種行程。

參考價格
〈金澤歷史觀光行程〉需時3小時19200日圓起
石川近鐵計程車
TEL 0570-08-3265

金澤之旅
Info

從金澤前往能登・北陸的方法

不論是日本海環繞、風光明媚的能登，或是北陸最大的人氣溫泉鄉加賀溫泉，金澤市周邊還有許多景點，搭電車或開車出遊去吧！

ACCESS 1

電車
TRAIN

基本上長距離移動以電車為主。如欲「去金澤順道遊覽加賀溫泉鄉和能登」巡迴幾個區域，可在優惠票券的適用範圍內多加利用。

靠優惠票券
再跑遠一點！

以電子票券享受北陸觀光

北陸出遊tabiwa巴士

北陸地方的JR西日本路線，加上越થ心動鐵道、愛之風富山鐵道全線、IR石川鐵道全線一日周遊券。不可搭乘新幹線。

價格 2450日圓／週六、假日1日有效
售票 只有電子票券 ※須下載手機APP「tabiwa by WESTERE」或上「tabiwa by WESTERE」網站註冊

如欲前往奧能登

奧能登全區周遊券

2天可無限次數搭乘北鐵奧能登巴士的全路線公車、能登鐵道線（七尾～穴水）的優惠票券。附10家商店或設施的優惠，對能登觀光很便利。

價格 3000／2天內有效
售票 （北鐵奧能登巴士）輪島旅行中心、能登觀光情報站Tabisuta、飯田分所（能登鐵道）七尾車站、穴水車站

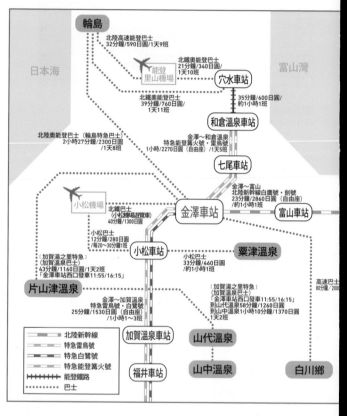

日本海

輪島
北陸高速能登巴士
32分鐘／590日圓／1天9班

能登里山機場
北鐵奧能登巴士
21分鐘／340日圓／1天10班

富山灣

穴水車站

北鐵奧能登巴士
39分鐘／760日圓／1天11班

35分鐘／600日圓／約1小時1班

和倉溫泉車站

北陸奧能登巴士（輪島特急巴士）
2小時27分鐘／2300日圓／1天8班

金澤～和倉溫泉
特急能登篝火號・雷鳥號
1小時／2270日圓（自由座）／1天5班

七尾車站

金澤～富山
北陸新幹線白鷹號・創號
23分鐘／2860日圓（自由座）／約1小時1班

小松機場
北鐵巴士（小松機場到金澤）
40分鐘／1300日圓

金澤車站

富山車站

小松巴士
12分鐘／280日圓／每20～30分鐘1班

小松車站

小松巴士
33分鐘／460日圓／約1小時1班

粟津溫泉

〔加賀湯之里特急〕〔加賀溫泉巴士〕
43分鐘／1160日圓／1天2班「金澤車站西口發車11:55/16:15」

片山津溫泉

金澤～加賀溫泉
特急雷鳥號・白鷺號
25分鐘／1530日圓（自由座）／1小時1～3班

〔加賀湯之里特急〕〔加賀溫泉巴士〕
〔金澤車站西口發車11:55/16:15〕
到山代溫泉58分鐘／1260日圓
到山中溫泉1小時10分鐘／1370日圓
1天2班

高速巴士
80分鐘／2000

加賀溫泉車站

山代溫泉

福井車站

山中溫泉

白川鄉

━━━ 北陸新幹線
━━━ 特急雷鳥號
━━━ 特急白鷺號
━━━ 特急能登篝火號
┿┿┿ 能登鐵路
┈┈┈ 巴士

+α 來搭觀光列車！

觀光列車能登里山里海號
沿著能登半島內側海岸行駛的列車，可欣賞能登怡人的風景。
行駛區間 七尾車站～和倉溫泉車站～穴水車站
行駛班次 1天5班（限定期間、週六日、假日行駛）
洽詢 能登鐵道觀光列車訂票中心 ☎ 0768-52-2300（週三～一）

花嫁暖簾號
以輪島塗漆和加賀有禪為設計意象，充滿日式美學的空間很有魅力。
行駛區間 金澤車站～七尾車站～和倉溫泉車站
行駛班次 1天2班往返（主要於週五～日、假日行駛）
洽詢 （時刻表、車資等）JR西日本客服中心 ☎ 0570-00-2486（付費）※6:00～23:00

ACCESS 2

開車 CAR

開車可自由移動很方便，不僅有效率，邊兜風邊欣賞沿途美景，也很有魅力。

想要划算租車

租車可利用鐵路車票優惠

鐵路&租車套票

JR列車和車站租車券的優惠組合套票。推薦給搭列車到達金澤後，想租車觀光的人。

優惠 JR線「單程」、「來回」、「連續」車票的累積里程數達201km以上，可享車資打8折、費用打9折。
※詳情請至官網「JR出遊net」查詢。
售票 車站的綠色窗口、旅客服務中心、各大旅行社
※車站租車必須提前預訂。

舒暢的海邊兜風

馳騁能登里山海道免收費！

連接金澤與能登半島的免費汽車專用道，路上可欣賞山海景，休息站也很充實。汽車能行駛於沙灘上的千里濱渚濱公路也很受歡迎。

在沙灘上開車奔馳很暢快。

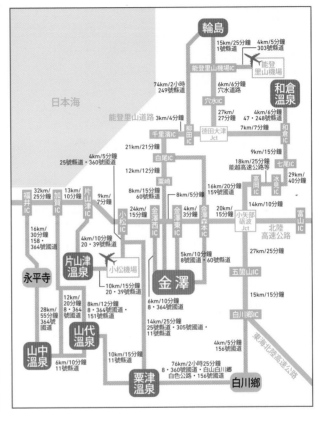

輪島
15km/25分鐘 1號縣道　4km/5分鐘 303號縣道
能登里山機場IC　能登里山機場
74km/2小時 249號縣道　6km/6分鐘 穴水道路
和倉溫泉
日本海
穴水IC
27km/27分鐘　4km/5分鐘 47・248號縣道
能登里山道路 3km/4分鐘　柳田　德田大津Jct
千里濱IC　7km/7分鐘 和倉IC
21km/21分鐘
4km/5分鐘 25號縣道・360號國道　白尾IC　9km/15分鐘
18km/25分鐘 能越高速公路等　七尾IC
12km/12分鐘　蕪崎　高岡IC　29km/40分鐘 冰見IC
福井IC 32km/25分鐘　13km/10分鐘 加賀IC　9km/7分鐘 片山津IC
8km/15分鐘 60號縣道　8km/5分鐘　16km/20分鐘 159號國道
14km/10分鐘
16km/30分鐘 158・364號國道　小松IC　24km/15分鐘 金澤西IC　4km/3分鐘 金澤東IC　20km/15分鐘 金澤森本IC　小矢部砺波Jct　富山IC
4km/10分鐘 20・39號縣道
北陸高速公路
片山津溫泉　小松機場
5km/10分鐘 8號國道・60號縣道　27km/25分鐘
永平寺
10km/15分鐘 20・39號縣道
金澤
6km/10分鐘 8・364號國道
五箇山IC
12km/20分鐘 8・364號國道　8km/12分鐘 8・364號國道・151號縣道
28km/55分鐘 364號國道
山代溫泉
14km/25分鐘 25號縣道・305號國道・11號縣道
15km/15分鐘
白川鄉IC
山中溫泉
10km/15分鐘 11號縣道
4km/5分鐘 156號國道
6km/10分鐘 11號縣道
粟津溫泉
76km/2小時25分鐘 8・360號國道・白山白川 白色公路・156號國道
白川鄉
東海北陸高速公路

+α 不開車也能盡興！

加賀周遊巴士「CAN BUS」

巡迴加賀溫泉鄉各景點，可自由上下車，非常方便。

路線 山迴線、海迴線、小松機場線、加賀小松線、加賀越前線
發車班次 每日行駛（1～2小時1班）
洽詢 加賀造城 ☎ 0761-72-7777

定期觀光巴士

巡迴能登景點的觀光巴士。有導遊隨車服務，可安心搭乘。

行程 輪島號（輪島朝市和世界農業遺產）、早市號（巡覽能登海岸和五重塔）等
發車班次 每天行駛（預約制）
洽詢 北陸鐵道預約中心 ☎ 076-234-0123

前往金澤的交通
巴士
巴士轉乘・自駕・觀光巴士・計程車
金澤市周邊的交通

📷 TOURISM

光坂	主計町茶屋街	100
翻花繩橋	山中溫泉	140
粟津溫泉 總湯	粟津溫泉	145
石浦神社	兼六園周邊	13,20,85
石川紅磚博物館 石川縣立歷史博物館	兼六園周邊	87
石川縣立圖書館	金澤市郊外	8
石川縣立美術館	兼六園周邊	87
石川四高記念文化交流館	香林坊	87
泉鏡花記念館	主計町茶屋街	101
大樋美術館	主計町茶屋街	102
萩町合掌屋聚落	白川鄉	148
萩町城跡 展望台	白川鄉	148
押壽司體驗廚房金澤壽司	東茶屋街	97
尾山神社	兼六園周邊	21,85
懷華樓	東茶屋街	48,96,97
加賀 傳統工藝村 湯之國之森	粟津溫泉	145
鶴仙溪川床	山中溫泉	141
主計町茶屋街	主計町茶屋街	13,100
片山津溫泉 總湯	片山津溫泉	144
金澤 美飾 淺野	東茶屋街	67,97,99
金澤海未來圖書館	金澤市郊外	17,118
金澤市公共自行車 Machinori 事務局	金澤車站周邊	11
金澤市指定文化財 茶屋美術館	東茶屋街	96
金澤市西茶屋資料館	西茶屋街	107
金澤城公園	兼六園周邊	14,78
金澤神社	兼六園周邊	21,84
金澤 21 世紀美術館	兼六園周邊	16,82
金澤文藝館	主計町茶屋街	101
巖門	能登	125
氣多大社	能登	125
玉泉院丸庭園	兼六園周邊	81
九谷燒窯跡展示館	山代溫泉	142
國家指定重要文化財 和田家	白川鄉	149
暗坂	主計町茶屋街	100
兼六園	兼六園周邊	15,76
戀路海岸	能登	136
蟋蟀橋	山中溫泉	140
國立工藝館	兼六園周邊	17,86
志摩	東茶屋街	96
白米千枚田	能登	125
新竪町商店街	新竪町	112
Sky Bird 與藍之洞窟	能登	136
鈴木大拙館	兼六園周邊	86
珠洲岬	能登	136
成巽閣	兼六園周邊	84
湶通	湶通	110
大本山總持寺祖院	輪島	131
千里濱渚濱海公路	羽咋市	124
月月	山城溫泉	143
辻家庭園	寺町	116
富山縣美術館	富山	146
富山市玻璃美術館	富山	146
中島面屋	近江町市場周邊	19
中之橋	主計町茶屋街	100
長町武家屋敷遺跡	長町武家屋敷遺跡	13,108
中村記念美術館	兼六園周邊	86
中谷宇吉郎雪的科學館	片山津溫泉	144

那谷寺	粟津溫泉	145
仁志川	西茶屋街	116
西茶屋街	西茶屋街	106
西保海岸	能登	125
能登里山里海號	能登	135
能登島玻璃工房	能登	137
能登島水族館	能登	137
白巖山 青林寺	和倉溫泉	133
箔座稽古處	東茶屋街	97
花嫁暖簾館	能登	135
花嫁暖簾	能登	135
東茶屋街	東茶屋街	12,90
富岩運河環水公園	富山	147
武家屋敷遺跡 野村家	武家屋敷跡	109
松之湯	湶通	8
道之驛 珠洲鹽田村	能登	137
見附島	能登	136
妙立寺	西茶屋街	116
寶生犀星記念館	新竪町	113
森八 金澤菓子木型美術館	主計町茶屋街	102
諸味藏	金澤市郊外	119
野外博物館 合掌屋 民家園	白川鄉	148
安江八幡宮	金澤車站周邊	19
柳宗理記念設計研究所	主計町茶屋街	102
山代溫泉 古總湯	山代溫泉	143
大和 園油 （大和醬油味噌）	金澤市郊外	118
山中溫泉總湯 菊之湯	山中溫泉	140
足湯公園 妻戀舟之湯	和倉溫泉	132
料亭 華之宿	西茶屋街	116
魯山人寓居跡 伊呂波草庵	山代溫泉	142
和倉溫泉總湯	和倉溫泉	132
和倉溫泉 祭典會館	和倉溫泉	133
和倉溫泉 觀光協會	和倉溫泉	133
輪島切子燈籠會館	輪島	131

🍴 EAT

味處佐兵衛	東茶屋街	92
甘味處 金花糖	長町武家屋敷遺跡	109
A laferme de shinjire	主計町茶屋街	42
赤玉本店	片町	35
Under ground Table	片町	114
And Kanazawa	東茶屋街	95
生生亭 近江町店	近江町市場周邊	25
ICOU	能登	135
居酒屋割烹 田村	主計町茶屋街	39
ITARU 本店	香林坊	38
一服橫丁	近江町市場周邊	31
一本杉川嶋	能登	135
井之彌	近江町市場周邊	25,30
鳥銀庵 東山店	東茶屋街	103
ESPRESSO BAR Kesarapasaran	新竪町	113
近江町市場 海鮮丼 魚旨	近江町市場周邊	24
大友樓	兼六園周邊／金澤車站周邊	32,71
關東煮居酒屋 三幸 本店	片町	34
關東煮高砂	片町	35
味噌湯食堂空味噌 金石店	金澤市郊外	119
味噌湯食堂空味噌 百番街 Rinto 店	金澤市郊外	41
ORIENTAL BREWING 東山店	東茶屋街	92
海幸	能登	127
牡蠣處 海	能登	127

菓匠 松井	金澤車站周邊	49
主計町 向川	主計町茶屋街	29
割烹 加賀	山代溫泉	142
金澤迴轉壽司 輝	金澤車站周邊	27
金澤 玉泉邸	兼六園周邊	87
金澤港活跳跳魚市	金澤市郊外	119
金澤聖代村端	東茶屋街	103
金澤東山 · 百番屋	東茶屋街	52,103
甘 Cafe Kan	近江町市場周邊	47
Cafe Tamon	東茶屋街	49,95
菓舖 Kazu Nakashima	東茶屋街	44
咖哩的冠軍野野市本店	野野市	36
環水露台 –KANSUI TERRACE–	富山	147
寒村庵	東茶屋街	95
菊一	片町	34
木倉町 Kusamura	片町	115
季節料理 · 關東煮 黑百合	金澤車站周邊	34,71
玉泉庵	兼六園周邊	81
金鍔 中田屋 東山茶屋街店（甘味處和味）	東茶屋街	45,51
Grill Otsuka	香林坊	37
健康膳 藥都	富山	147
兼六茶屋 見城亭	兼六園周邊	49
coil	近江町市場周邊	31
幸壽司	能登	126
Go Go Curry 金澤車站總本山	金澤車站周邊	70
Coast table	能登	127
小橋多福	主計町茶屋街	36
COWRITE COFFEE	金澤市郊外	9
茶菓工房太郎 鬼川店	長町武家屋敷遺跡	44,53,109
刺身屋	近江町市場周邊	38
Salon de the 'kawamura	西茶屋街	106
時雨亭	兼六園周邊	80
地物亭	近江町市場周邊	25
醬油串 · 直江屋源兵衛	金澤市郊外	119
心花洞	白川鄉	149
四知堂 kanazawa	主計町茶屋街	41
scala	片町	115
助壽司	輪島	131
鮨木場谷	主計町茶屋街	28
大吃壽司吧！縣廳前店	金澤市郊外	26
鮨處淺野川	主計町茶屋街	28
鮨光川	東茶屋街	29
漱流	片町	117
第 7 煎餃的店	金澤市郊外	36
多華味屋	東茶屋街	19,94
竹乃家	金澤市郊外	37
taware	片町	43
中央味食街	片町	115
鐉甚	西茶屋街	33
寺岡風舍富來本店	能登	127
甜圈圈日和	片町	9
通通吧 KANAZAWA FOODLABO	片町	39
雞與松葉	能登	135
野菜味噌松屋桂店	金澤市郊外	37
DORUMIRU 金澤店	金澤車站周邊	46
謎咖啡店	金澤車站周邊	41
西茶屋菓寮 味和以	西茶屋街	45,107
能登海鮮丼 Mitone	能登	126
能登壽司之庄 信壽司	能登	134
能登鮮乳	和倉溫泉	133
Parlour kofuku	新竪町	112

HEIDEE WINERY	能登	128
箔一 東山店	東茶屋街	48
箔座 金の緣起屋	東茶屋街	103
8番拉麵金澤車站店	金澤車站周邊	37, 70
Patisserie & Parlor Horita 205	金澤市郊外	47
八十八	片町	39
波結	東茶屋街	95
東茶屋街 金澤布丁本舖	東茶屋街	45, 48
東山 Bonheur	山中溫泉	141
東山瑞穗	東茶屋街	93
東山 志 -YOSHI-	東茶屋街	93
BistroYUIGA	片町	43
Bistro Hiramipan	潟通	40
Hinemos	片町	114
百萬石島龍麵 近江町店	近江町市場周邊	30
廣坂 Highball	片町	117
福壽司	能登	126
麩料理 宮田・鈴庵	東茶屋街	93
鱒園 文助	白川鄉	149
松乃鮨	能登	134
豆皿茶屋	兼六園周邊	81
Mame nomanoma	西茶屋街	49
豆屋 金澤萬久	金澤車站周邊	49
MAKGA GELATO 能登本店	能登	129
迴轉富山灣 壽司玉 金澤車站店	金澤車站周邊	27, 70
Mie coffee	片山津溫泉	144
三芳庵	兼六園周邊	80
MORON CAFE	長町武家屋敷遺跡	109
Morimori 壽司 近江町店	近江町市場周邊	26, 30
八百屋的 Parlor Horita 205	金澤車站周邊	71
串燒橫丁	片町	115
山乃尾	東茶屋街	33
夢一輪館	能登	127
洋酒雞尾酒 中村堂	片町	117
LIFE IS SWEET	金澤市郊外	47
la clochette	能登	129
L'Atelier de NOTO	能登	128
RITSUKA	東茶屋街	9
料亭 穗濟	西茶屋街	33
LE MUSÉE DH H 辻口博啓美術館	和倉溫泉	133
樂華與滿月與葡萄酒。	片町	115

🛒 SHOPPING

淺之川 吉久	東茶屋街	98
atelier & gallery creava	長町武家屋敷遺跡	67
甘納豆河村	西茶屋街	53
甘味捊 塩谷	金澤市郊外	50
Anto	金澤車站周邊	68
飴の俵屋	金澤車站周邊	68
荒与	白山市	54
ALTRA	近江町市場周邊	64
AROMA 香房焚屋	潟通	111
石川縣觀光物產館	兼六園周邊	67
石川屋本舖	金澤車站周邊	68
石川屋本舖 Anto 店	金澤車站周邊	50
逸味潮屋 近江町市場店	近江町市場周邊	31
岩內蒲鉾店	近江町市場周邊	31
岩本清商店	金澤車站周邊	19
綵煌	東茶屋街	99
鐵路便當處金澤	金澤車站周邊	71
大口水產	近江町市場周邊	31
Oyoyo 書林 潟通店	潟通	110

加賀手毬 毬屋	兼六園周邊	60
加賀友禪會館	兼六園周邊	67
菓匠 高木屋 金澤百番街 Anto 店	金澤車站周邊	68
菓匠 高木屋	兼六園周邊	53
數馬酒造	能登	129
加藤皓陽堂 本店	金澤車站周邊	51
GATOMIKIO／1	山中溫泉	141
金澤 福板屋	金澤市郊外	55
金澤地酒藏	金澤車站周邊	69
金澤玉壽司	金澤車站周邊	71
金澤 Hakomachi	主計町茶屋街	31
金澤東山・百番屋	東茶屋街	52,103
金澤北珍 肴 之匠	金澤車站周邊	69
金澤 茅草屋	金澤車站周邊	69
KiKU	新竪町	113
今日香	東茶屋街	98
Gallery&Shop 金澤美藏	東茶屋街	99
金箔屋作田 茶屋街店	東茶屋街	103
金箔屋作田 町屋店	東茶屋街	63
金鍔 中田屋 東山茶屋街店	東茶屋街	45,51
金箔化妝品專賣店 KINKA	東茶屋街	62
九谷燒窯元 鏑木商舖	長町武家屋敷遺跡	64
胡桃的點心 金澤百番街 Anto 店	金澤車站周邊	52
久連波	東茶屋街	61
小出仙	山中溫泉	141
collabon	近江町市場周邊	61
昆布海產物處 白井	能登	135
歲時和菓子 越山甘清堂	金澤車站周邊	31
茶菓工房太郎 鬼川店	長町武家屋敷遺跡	44,53,109
坂之上出租焙坊	西茶屋街	71
SAKE SHOP 福光屋	金澤市郊外	59,63
Saint Nicolas 香林坊店	潟通	111
四十萬谷本店	金澤市郊外	54
芝壽司	金澤車站周邊	55,71
肉品店 GALIBIER	能美市	61
舟樂 近江町本店	近江町市場周邊	31
舟樂	金澤車站周邊	71
杉野屋与作	金澤車站周邊	71
麻雀	金澤車站周邊	71
SKLO room accessories	潟通	111
Diamond LII 店 近江町可樂餅	長町武家屋敷遺跡	30
高木 商店	東茶屋街	58
高澤蠟燭店	能登	135
谷川釀造	能登	58
玉匣	東茶屋街	98
茶屋美人	東茶屋街	62
佃的佃煮	主計町茶屋街／金澤車站周邊	55,69
D & DEPARTMENT TOYAMA	富山	147
傳統工藝 金澤九谷（高橋北山堂）	金澤車站周邊	69
手造 中谷豆腐	西茶屋街	107
Ten riverside	金澤市郊外	59,119
豆腐家 二六	近江町市場周邊	30
鳥居醬油店	能登	135
箔一 金澤車站百番店	金澤車站周邊	69
箔一本店 箔巧館	金澤市郊外	61
畑漆器店	山中溫泉	65
百番銘菓（松葉屋）	金澤車站周邊	68
百椀百膳 能作	金澤車站周邊	69
開烘焙坊	片山津溫泉	144
FUKURO PROJECT	近江町市場周邊	58
佛田農產	金澤車站周邊	56

鰤魚炙燒本舖 逸味 潮屋	金澤車站周邊	57,69,71
Frozen Food 專門店 nikuo CIRCUS	東茶屋街	56
benlly's & job	新竪町	113
保存食品專門店 STOOCK	金澤車站周邊	56
Hohoho 座 金澤	金澤市郊外	118
本田屋食器店	長町武家屋敷遺跡	64,109
MAKANAI	能登	63
鱒の壽司本舖 源	金澤車站周邊	71
豆半	東茶屋街	50
豆屋金澤萬久 金澤 MZA 店	金澤車站周邊	52
丸八製茶場	金澤車站周邊	59
眼鏡的店 Mito	潟通	111
目細八郎兵衛商店	近江町市場周邊	60
森八 本店	東茶屋街	66
八百萬松田久直商店	新竪町	113
八百萬本舖	主計町茶屋街	18,101
大和醬油味噌	金澤車站周邊	59
山中石川屋	山中溫泉	141
友禪工藝鈴蘭	金澤車站周邊	69
吉橋菓子店	東茶屋街	51
落雁諸江屋西茶屋街菓寮	西茶屋街	51
落雁諸江屋 本店	西茶屋街	19,53
Le cotentin 金澤	金澤車站周邊	52
和菓子 村上	金澤車站周邊	68
和菓子 村上 長町店	長町武家屋敷遺跡	44,109
輪島朝市	輪島	130
輪島桐本・漆的 STUDIO【總店】	能登	65,131

🏨 STAY

INTRO 玉川	近江町市場周邊	121
雨庵 金澤	近江町市場周邊	120
OMO5 金澤片町	片町	9
御宿 結之庄	白川鄉	149
加賀片山津溫泉 佳水鄉	片山津溫泉	144
篝火吉祥亭	山中溫泉	141
合掌乃宿 孫右衛門	白川鄉	149
KANEME INN TATEMACHI	片町	121
金澤湯涌溫泉 百樂莊	湯涌溫泉	120
KUMU 金澤 by THE SHARE HOTELS	近江町市場周邊	121
THE HOTEL SANRAKU KANAZAW	近江町市場周邊	9
白鷺湯俵屋	山中溫泉	141
SOKI KANAZAWA	金澤車站周邊	9
北陸 粟津溫泉 法師	粟津溫泉	145
界 加賀	山代溫泉	143
HOTEL SARARASO	金澤市郊外	121
森之栖 Resort & Spa	山代溫泉	143
LINNAS Kanazawa	近江町市場周邊	121
和倉溫泉 加賀屋	和倉溫泉	132
和倉溫泉 虹與海	和倉溫泉	132

金澤・能登・北陸：最新・最前線・旅遊全攻略

作　　者　朝日新聞出版
譯　　者　陳佩君
總 編 輯　曹　慧
主　　編　曹　慧
封面設計　ayenworkshop
內頁排版　楊思思
行銷企畫　林芳如
出　　版　奇光出版／遠足文化事業股份有限公司
　　　　　E-mail: lumieres@bookrep.com.tw
　　　　　粉絲團：https://www.facebook.com/lumierespublishing
發　　行　遠足文化事業股份有限公司（讀書共和國出版集團）
　　　　　http://www.bookrep.com.tw
　　　　　23141新北市新店區民權路108-2號9樓
　　　　　電話：(02) 22181417
　　　　　郵撥帳號：19504465　戶名：遠足文化事業股份有限公司
法律顧問　華洋法律事務所　蘇文生律師
印　　製　成陽印刷股份有限公司
初版一刷　2024年6月
定　　價　400元
I S B N　978-626-7221-58-7　書號：1LBT0057
　　　　　978-626-7221594（EPUB）
　　　　　978-626-7221600（PDF）

HARE TABI KANAZAWA NOTO・HOKURIKU【2023-24 NEN SAISHIMBAN】
Copyright © 2023 Asahi Shimbun Publications Inc.
Originally published in Japan in 2023 by Asahi Shimbun Publications Inc.
Traditional Chinese translation copyright © 2024 by Lumières Publishing, a division of Walkers
Cultural Enterprises Ltd.
All rights reserved.
No part of this book may be reproduced in any form without the written permission of the publisher.
Traditional Chinese translation rights arranged with Asahi Shimbun Publications Inc., Tokyo
through AMANN CO., LTD., Taipei.

國家圖書館出版品預行編目 (CIP) 資料

金澤・能登・北陸：最新・最前線・旅遊全攻略 / 朝日
新聞出版著；陳佩君譯. -- 初版. -- 新北市：奇光出版, 遠
足文化事業股份有限公司, 2024.06
　　面；　公分
ISBN 978-626-7221-58-7（平裝）

1. CST: 旅遊　2. CST: 日本金澤市　3. CST: 日本石川縣

731.73419　　　　　　　　　　　　113005490

線上讀者回函